TABLE DES MATIÈRES

DIX METIERS RENTABLES A EXERCER SANS COMPETENCE GRACE A L'IA

Gagnez de l'Argent Facilement avec l'Intelligence Artificielle

KOUADIO KONAN JOEL

Cover Designer: Painter
Library of Congress Control Number: 2018675309
Printed in the United States of America

10 METIERS RENTABLES A EXERCER SANS COMPETENCE GRACE A L'IA

Gagnez De L'argent Facilement Avec L'intelligence Artificielle

PRÉFACE

L'ère numérique dans laquelle nous vivons est marquée par des évolutions technologiques sans précédent. L'une des révolutions les plus fascinantes et transformatrices de ces dernières années est l'émergence de l'intelligence artificielle (IA). Cette technologie, qui semblait être l'apanage de la science-fiction, est désormais à portée de main et s'intègre progressivement dans notre quotidien. Plus encore, elle redéfinit les métiers, les rôles et les compétences requises pour réussir dans le monde professionnel.

Ce livre, Les 10 Métiers à Exercer Sans Compétence Grâce à l'IA, explore comment il est désormais possible de se lancer dans une carrière et de prospérer dans divers domaines sans avoir de compétences préalables spécifiques. Oui, vous avez bien lu : vous pouvez démarrer une activité professionnelle, générer des revenus et bâtir un business florissant, même si vous ne possédez pas de compétences spécialisées.

L'IA joue un rôle essentiel dans cette transformation en permettant à quiconque de s'approprier des outils puissants, intuitifs et accessibles. Des métiers traditionnels, souvent nécessitant une expertise de longue date, peuvent désormais être abordés grâce à des plateformes, des logiciels et des outils basés sur l'IA qui automatisent les processus et assistent les utilisateurs à chaque étape de leur activité.

Dans ce livre, nous découvrirons ensemble des métiers variés où l'intelligence artificielle devient un allié stratégique. De l'assistance virtuelle à la gestion de la relation client, en passant par la création de contenu et le marketing digital, ces domaines sont aujourd'hui accessibles à tous. Vous n'avez pas besoin d'un diplôme en informatique, ni d'une expérience professionnelle de plusieurs années pour commencer. L'IA comble cette lacune en simplifiant et en automatisant les tâches complexes.

Ce livre n'est pas une simple liste d'opportunités. C'est une invitation à repenser votre manière de travailler, à vous approprier les outils technologiques qui façonnent le monde de demain, et à créer de nouvelles sources de revenus sans le fardeau des compétences spécialisées traditionnelles. Si vous avez toujours rêvé d'entreprendre ou de vous réorienter professionnellement mais que vous vous sentiez limité par votre manque de formation, ce livre vous montre comment l'IA peut être la clé pour surmonter cet obstacle.

Au fil des pages, vous découvrirez des stratégies concrètes, des outils pratiques, et des conseils pour débuter immédiatement dans ces métiers innovants. Que vous soyez en reconversion professionnelle, étudiant, ou simplement en quête de nouvelles opportunités, ce livre vous aidera à comprendre comment l'IA peut vous accompagner dans la création et la gestion d'une activité rentable, sans que vous ayez besoin de compétences techniques avancées.

L'IA ne remplace pas l'humain, mais elle ouvre de nouvelles portes. En la maîtrisant, vous aurez l'opportunité de vous positionner dans des secteurs en pleine expansion et de participer à l'ère du travail numérique avec confiance.

Bienvenue dans un avenir où les possibilités sont infinies.

INTRODUCTION

L'intelligence artificielle (IA) est en train de révolutionner le monde du travail, en automatisant des tâches autrefois réservées aux experts. Grâce aux avancées technologiques, il est désormais possible d'exercer de nombreux métiers sans compétences techniques avancées. Ce livre explore 10 métiers accessibles à tous grâce à l'IA, en détaillant les outils disponibles et les étapes pour se lancer.

L'évolution de l'IA et son impact sur le monde du travail

L'IA a connu une progression fulgurante ces dernières années. Autrefois réservée aux laboratoires de recherche et aux grandes entreprises, elle est aujourd'hui intégrée dans des outils accessibles au grand public. ChatGPT, Midjourney, Synthesia, DALL·E, et bien d'autres permettent à n'importe qui de produire du contenu, gérer une activité en ligne ou même automatiser des tâches complexes sans formation préalable.

Quelques transformations majeures du marché du travail grâce à l'IA :

•Automatisation des tâches répétitives : de nombreux emplois administratifs et de service client sont de plus en plus pris en charge par l'IA.

•Démocratisation des compétences : l'IA rend accessibles des métiers qui nécessitaient auparavant des années d'apprentissage, comme la rédaction, le design ou la création de vidéos.

•Nouveaux métiers émergents : l'essor des technologies IA a donné naissance à de nouvelles opportunités professionnelles, notamment dans le freelancing et l'entrepreneuriat digital.

Aujourd'hui, l'IA n'est plus seulement un outil, mais un véritable levier d'opportunités pour ceux qui savent l'exploiter intelligemment.

Pourquoi L'ia Permet D'exercer Des Métiers Sans Compétences Avancées ?

Contrairement aux idées reçues, l'intelligence artificielle ne remplace pas totalement les humains, mais elle automatise et simplifie des tâches complexes. Ainsi, des personnes sans expertise technique peuvent désormais :

Créer du contenu (textes, images, vidéos, formations) sans savoir écrire, dessiner ou monter des vidéos.

Gérer des entreprises en ligne sans connaissances en gestion ou en programmation.

Développer des services et automatiser des processus pour générer des revenus passifs.

L'IA fonctionne comme un assistant ultra-performant qui exécute des tâches en quelques minutes au lieu d'heures ou de jours. Il suffit d'apprendre à utiliser les bons outils pour en tirer profit.

Comment Utiliser Ce Livre Pour Se Lancer ?

Ce livre est conçu comme un guide pratique pour vous aider à démarrer sans compétences spécifiques ni expérience préalable.

Voici comment l'aborder efficacement :

1.Parcourez les 10 métiers proposés et identifiez celui qui

vous attire le plus.

2.Lisez chaque partie pour comprendre comment l'IA peut vous aider à exercer ce métier.

3.Suivez les étapes pratiques et découvrez les outils IA recommandés pour vous lancer immédiatement.

4.Appliquez ce que vous apprenez en testant les outils et en lançant votre activité.

Ce livre vous donnera les clés pour démarrer rapidement et efficacement dans un métier facilité par l'IA. À vous de jouer !

PARTIE 1 : CRÉATEUR D'EBOOKS ET DE LIVRES AUTOÉDITÉS

Chapitre 1 : Comprendre L'autoédition Avec L'ia

1. L'essor des ebooks et de l'autoédition

L'autoédition a connu une explosion ces dernières années, grâce à l'essor du numérique et des plateformes accessibles à tous. Aujourd'hui, n'importe qui peut publier un livre sans passer par une maison d'édition traditionnelle. Des plateformes comme Amazon Kindle Direct Publishing (KDP), Kobo Writing Life ou encore Apple Books permettent de vendre des ebooks à un large public, sans aucun investissement initial.

Ce phénomène s'explique par plusieurs facteurs :

•La démocratisation du numérique : De plus en plus de lecteurs préfèrent les ebooks aux livres physiques pour leur praticité et leur coût réduit.

•Les faibles barrières à l'entrée : Contrairement à l'édition classique, l'autoédition ne nécessite pas d'approbation d'un éditeur, ce qui donne une liberté totale aux auteurs.

•Un marché en pleine expansion : Avec des millions de lecteurs à travers le monde, il est possible de générer des revenus passifs en publiant un ou plusieurs ebooks bien ciblés.

Cependant, l'un des principaux freins à l'autoédition est

l'écriture elle-même. Beaucoup de personnes souhaitent écrire un livre, mais ne savent pas par où commencer ou pensent ne pas avoir les compétences nécessaires. C'est ici que l'intelligence artificielle entre en jeu.

2. Pourquoi l'IA simplifie l'écriture

L'intelligence artificielle a révolutionné l'écriture en permettant à n'importe qui de créer un ebook rapidement et efficacement. Grâce à des outils comme ChatGPT, Jasper AI ou Claude AI, il est désormais possible de :

•Générer des idées et structurer un plan : L'IA peut proposer des sujets populaires, organiser les chapitres et structurer un livre en quelques minutes.

•Rédiger du contenu rapidement : Plus besoin de passer des mois à écrire ! L'IA peut générer des paragraphes entiers en fonction de votre sujet et de votre style.

•Améliorer la qualité du texte : Des outils comme Grammarly ou ProWritingAid permettent d'améliorer la grammaire, le style et la fluidité du texte.

•Créer des descriptions et résumés attractifs : L'IA peut rédiger des descriptions percutantes pour attirer les lecteurs sur les plateformes de vente.

Grâce à ces outils, même une personne sans compétences en écriture peut publier un livre professionnel en un temps record. L'important est de savoir comment bien utiliser l'IA pour créer du contenu de qualité qui apportera de la valeur aux lecteurs.

3. Les plateformes pour vendre ses ebooks

Une fois votre livre rédigé, il faut le mettre en vente. Plusieurs plateformes permettent de publier et vendre des ebooks sans frais initiaux :

•Amazon Kindle Direct Publishing (KDP) : La plateforme la plus populaire qui permet de publier son livre en version numérique et papier, avec une large audience internationale.

•Kobo Writing Life : Idéal pour atteindre les lecteurs utilisant des liseuses Kobo et pour toucher un public francophone.

•Apple Books : Permet de vendre des ebooks sur l'App Store et d'atteindre les utilisateurs Apple.

•Google Play Livres : Offre une visibilité aux lecteurs utilisant Android et Google Books.

•Gumroad & Payhip : Des plateformes qui permettent de vendre des ebooks directement et de toucher 100 % des revenus sans passer par un intermédiaire.

•Shopify ou WooCommerce : Pour ceux qui veulent vendre directement sur leur propre site et garder un contrôle total sur les ventes et les prix.

Le choix de la plateforme dépend de vos objectifs. Pour maximiser vos ventes, il est recommandé de publier sur plusieurs plateformes à la fois.

Avec l'aide de l'intelligence artificielle, l'autoédition devient un moyen accessible et rentable de générer des revenus passifs. Dans les prochains chapitres, nous verrons comment utiliser concrètement l'IA pour rédiger, formater et promouvoir votre ebook avec succès.

Chapitre 2 : Rédiger Un Ebook Avec Chatgpt

1. Générer des idées et structurer un livre

L'une des étapes les plus importantes dans l'écriture d'un ebook est la génération d'idées et la structuration du contenu. Grâce à l'intelligence artificielle, il est désormais possible de simplifier cette tâche et d'obtenir rapidement des idées pertinentes et bien organisées.

Pourquoi utiliser ChatGPT pour cette étape ?

•L'IA peut analyser les tendances du marché et suggérer des sujets populaires.

•Elle aide à structurer un plan détaillé en fonction de votre niche et du public cible.

•Elle propose des titres accrocheurs et des résumés percutants pour captiver les lecteurs dès le départ.

Comment générer des idées avec ChatGPT ?

1.Poser les bonnes questions : Demandez à l'IA de proposer des sujets en lien avec votre domaine d'intérêt. Par exemple :

"Quels sont les sujets d'ebooks les plus populaires en 2024 ?"

"Quels sont les problèmes fréquents que les gens cherchent à résoudre ?"

2.Sélectionner une niche rentable : ChatGPT peut vous aider à identifier des marchés peu exploités où la concurrence est faible mais la demande forte.

3.Créer un plan détaillé : Une fois le sujet choisi, demandez à l'IA de structurer le livre. Par exemple :

"Peux-tu me proposer un plan détaillé pour un ebook sur [sujet choisi] ?"

Exemple de plan généré par ChatGPT pour un ebook sur le développement personnel :

1.Introduction

2.Chapitre 1 : Comprendre les bases du développement personnel

Définition et principes fondamentaux

Les bienfaits d'une approche consciente

Comment débuter son parcours de développement

3.Chapitre 2 : Construire une routine efficace

L'importance des habitudes

Exemples de routines efficaces

Suivi et ajustement

4.Conclusion et prochaines étapes

Grâce à cette méthode, il devient simple de structurer un livre de manière logique et engageante.

2. Écrire efficacement avec l'IA

Une fois la structure définie, il est temps de passer à la rédaction. ChatGPT permet de rédiger du contenu de manière fluide et rapide, sans nécessiter de compétences avancées en écriture.

Techniques pour rédiger un ebook avec ChatGPT

1.Rédiger un premier brouillon rapidement

Vous pouvez demander à l'IA d'écrire un chapitre entier en lui donnant une structure.

Exemple de commande :

"Peux-tu rédiger un chapitre sur 'Les bases du minimalisme' en trois sections : introduction, avantages et comment débuter ?"

ChatGPT génère ainsi un texte que vous pourrez modifier et améliorer.

2.Adapter le ton et le style

Si vous souhaitez un ton plus formel ou plus engageant, précisez-le à l'IA.

Exemple : "Rédige ce chapitre avec un ton inspirant et motivant."

3.Ajouter des exemples et des anecdotes

Pour rendre votre texte plus captivant, demandez à ChatGPT d'ajouter des histoires ou des études de cas.

Exemple : "Ajoute un exemple concret d'une personne ayant réussi grâce à cette méthode."

4.Diviser le texte en sections claires

ChatGPT peut structurer les chapitres avec des sous-titres, des listes à puces et des résumés pour rendre le texte plus lisible.

En suivant ces techniques, vous pouvez rédiger un ebook complet en quelques jours seulement, au lieu de plusieurs mois.

3. Vérification et correction avec IA

Même si ChatGPT est un outil puissant, il est important de relire et améliorer le texte avant la publication. Heureusement, il existe plusieurs outils d'IA qui peuvent vous aider à affiner la qualité du contenu.

Les étapes de relecture et correction avec l'IA :

1.Correction grammaticale et orthographique

Utilisez Grammarly, Antidote ou LanguageTool pour détecter et corriger les fautes d'orthographe et de grammaire.

2.Amélioration du style et de la clarté

ChatGPT peut reformuler des phrases pour les rendre plus fluides et naturelles.

Commande : "Peux-tu reformuler ce paragraphe pour qu'il soit plus clair et concis ?"

3.Vérification de la cohérence et de la structure

Assurez-vous que les idées s'enchaînent logiquement et que chaque chapitre apporte une valeur ajoutée.

Vous pouvez demander à ChatGPT : "Peux-tu analyser ce texte et me dire s'il est cohérent et bien structuré ?"

4.Détection du plagiat

Pour éviter tout problème de duplication, utilisez un outil comme Copyscape ou Quetext afin de vérifier l'originalité de votre contenu.

Une fois ces étapes finalisées, votre ebook sera prêt pour la mise en page et la publication. Dans le prochain chapitre, nous verrons comment formater et préparer votre ebook pour une diffusion professionnelle.

Chapitre 3 : Mise En Page Et Design Automatisés

1. Utilisation de Canva et Atticus

Une fois votre ebook rédigé et relu, il est essentiel de soigner la mise en page pour offrir une lecture agréable et professionnelle. Heureusement, l'IA et les outils automatisés facilitent grandement cette étape.

Pourquoi la mise en page est importante ?

•Améliore l'expérience de lecture : Un texte bien structuré et aéré est plus engageant.

•Renforce la crédibilité : Un ebook professionnel attire plus de lecteurs et de ventes.

•Facilite l'acceptation sur les plateformes : Amazon KDP, Apple Books ou Kobo exigent un format correct.

Canva : un outil simple et efficace

Canva est un excellent outil pour formater votre ebook, surtout si vous débutez. Il permet de créer :

•Des mises en page élégantes avec des modèles préconçus.

•Des chapitres bien structurés avec des titres et sous-titres mis en valeur.

•Des illustrations et icônes pour rendre la lecture plus attrayante.

Comment utiliser Canva pour la mise en page ?

1.Choisissez un modèle d'ebook : Canva propose des templates gratuits et payants.

2.Ajoutez votre texte : Copiez-collez chaque chapitre et ajustez la police, la taille et les espacements.

3.Insérez des images et illustrations : L'IA de Canva peut générer des visuels pertinents.

4.Exportez en PDF ou EPUB : Ces formats sont acceptés par la plupart des plateformes d'autoédition.

Atticus : une solution tout-en-un pour les auteurs

Atticus est une alternative plus avancée qui permet de :

•Mettre en page automatiquement un ebook sans effort.

•Créer des versions EPUB et MOBI adaptées aux liseuses.

•Générer une table des matières dynamique.

Comment utiliser Atticus ?

1.Importez votre texte directement dans l'outil.

2.Personnalisez la mise en page en choisissant un style de livre professionnel.

3.Exportez le fichier final prêt à être publié sur Amazon KDP ou d'autres plateformes.

Astuce : Canva est idéal pour un design personnalisé, tandis qu'Atticus est parfait pour une mise en page optimisée pour les ebooks.

2. Création de couvertures avec IA

La couverture est l'élément clé qui attire les lecteurs. Une couverture mal conçue peut réduire vos ventes, même si votre contenu est excellent. Grâce à l'IA, il est désormais facile de créer des couvertures attractives sans compétences en design.

Outils IA pour créer des couvertures

1.Canva AI : Propose des modèles et génère automatiquement des designs.

2.BookBrush : Spécialisé dans la création de couvertures de livres.

3.Midjourney / DALL·E : Génère des images uniques avec l'IA.

Comment créer une couverture avec IA ?

1.Déterminez le style : Minimaliste, futuriste, réaliste...

2.Utilisez un générateur d'images IA pour concevoir une illustration unique.

3.Ajoutez le titre et le sous-titre sur Canva ou BookBrush.

4.Optimisez la résolution : Une bonne couverture doit être en 300 dpi et respecter les dimensions de la plateforme choisie.

Astuce : Testez plusieurs versions et demandez l'avis de votre audience avant de choisir la couverture définitive.

3. Préparer un fichier prêt à publier

Une fois la mise en page et la couverture terminées, il faut convertir le livre dans un format compatible avec les plateformes d'autoédition.

Formats d'ebook les plus utilisés

•PDF : Idéal pour la vente sur son propre site.

•EPUB : Format standard pour Kindle, Apple Books et Kobo.

•MOBI : Ancien format Kindle (Amazon accepte désormais l'EPUB).

Outils pour convertir son ebook

1.Calibre : Convertit facilement un document Word en EPUB ou MOBI.

2.Atticus : Gère automatiquement les formats EPUB et PDF.

3.Kindle Create : Outil officiel d'Amazon pour formater son ebook.

Checklist avant la publication

✓ Relecture finale : Vérifiez la cohérence du contenu.

✓ Test sur différentes liseuses : Utilisez l'aperçu d'Amazon KDP.

✓ Ajout des métadonnées : Nom de l'auteur, description, mots-clés.

✓ Validation du fichier : Assurez-vous qu'il respecte les normes des plateformes.

Une fois ces étapes complétées, votre ebook est prêt à être publié et vendu ! ☐ Dàns le chapitre suivant, nous verrons comment publier et promouvoir son ebook pour générer des revenus passifs.

Chapitre 4 : Publier Et Vendre Son Livre

1. Amazon KDP et autres plateformes

Une fois votre ebook prêt, il faut le publier sur les bonnes plateformes pour maximiser votre visibilité et vos ventes.

Pourquoi choisir Amazon KDP ?

Amazon Kindle Direct Publishing (KDP) est la plateforme d'autoédition la plus populaire pour plusieurs raisons :

•Accès à un large public : Amazon représente plus de 80 % du marché des ebooks.

•Royalties attractives : Jusqu'à 70 % de commission sur chaque vente.

•Publication rapide : Votre ebook peut être disponible en moins de 24 heures.

Comment publier sur Amazon KDP ?

1.Créez un compte sur kdp.amazon.com.

2.Ajoutez un nouveau livre et renseignez les informations

(titre, description, mots-clés).

3.Téléversez votre fichier (format EPUB ou PDF).

4.Définissez un prix et choisissez l'option de royalties (35 % ou 70 %).

5.Lancez la publication et attendez la validation d'Amazon (généralement sous 24 h).

Autres plateformes populaires

•Apple Books : Très utilisé sur iPhone et iPad.

•Kobo Writing Life : Particulièrement populaire en Europe et au Canada.

•Google Play Books : Idéal pour toucher les utilisateurs Android.

•Gumroad & Payhip : Parfait pour vendre directement aux lecteurs avec un meilleur contrôle sur les prix.

Astuce : Publier sur plusieurs plateformes permet d'augmenter votre portée et vos ventes.

2. Stratégies de marketing IA pour booster les ventes

Une bonne stratégie marketing est essentielle pour faire connaître votre ebook et générer des ventes. Grâce à l'IA, vous pouvez automatiser et optimiser plusieurs aspects du marketing.

Créer une description accrocheuse avec l'IA

L'IA peut vous aider à rédiger une description percutante qui attire les lecteurs :

•Utilisez ChatGPT pour générer une description persuasive en intégrant des mots-clés.

•Testez plusieurs versions et choisissez celle qui convertit le mieux.

Publicité Amazon (AMS) optimisée par l'IA

Amazon Ads est un excellent moyen de promouvoir votre ebook. Vous pouvez utiliser :

•L'IA de Helium 10 pour analyser les mots-clés rentables.

•ChatGPT pour rédiger des annonces percutantes.

Email marketing automatisé

•Utilisez des outils comme Mailchimp ou ConvertKit pour envoyer des emails promotionnels.

•Segmentez votre audience pour mieux cibler les lecteurs intéressés.

•Automatisez les relances pour maximiser les ventes.

Réseaux sociaux et contenu IA

•Publiez des extraits de votre livre sur Instagram, Facebook et TikTok avec l'IA (ex. Canva).

•Automatisez vos publications avec des outils comme Buffer et Hootsuite.

•Utilisez ChatGPT pour créer des posts engageants.

Astuce : Utilisez des hashtags stratégiques (#ebook, #self-publishing, #Kindle) pour toucher plus de monde.

3. Monétisation avancée des ebooks

Une fois votre ebook publié, il existe plusieurs stratégies pour maximiser vos revenus.

1. Vendre des packs (offre groupée)

•Proposez plusieurs ebooks à prix réduit pour augmenter la valeur perçue.

•Exemple : Un pack de 3 livres sur la productivité vendu 20 €, au lieu de 10 € chacun.

2. Créer un abonnement ou une communauté

•Utilisez Patreon ou Substack pour proposer du contenu exclusif aux lecteurs.

•Exemple : Des résumés de livres, des conseils personnalisés...

3. Proposer des services complémentaires

•Offrez un coaching personnalisé basé sur le contenu de votre livre.

•Exemple : Si vous écrivez sur la productivité, proposez des sessions de coaching.

4.Vendre des formats alternatifs

•Livre audio : Utilisez des outils IA comme Speechify ou Murf AI pour créer un audiobook.

•Livre papier : Publiez en impression à la demande avec KDP Print.

Astuce : Plus vous proposez de formats et d'options, plus vous multipliez vos sources de revenus.

Résumé du chapitre

✔ Amazon KDP est la meilleure plateforme pour publier son ebook, mais d'autres options existent.

✔ L'IA permet d'automatiser la promotion et le marketing pour maximiser les ventes.

✔ Des stratégies avancées comme les abonnements et les services complémentaires peuvent augmenter considérablement les revenus.

PARTIE 2 : RÉDACTEUR DE CONTENU ASSISTÉ PAR IA

Chapitre 1 : L'importance Du Contenu En Ligne

1.1. Pourquoi le contenu est essentiel sur Internet ?

Le contenu est le pilier du web. Chaque page que nous visitons, chaque publicité que nous voyons, et chaque publication sur les réseaux sociaux repose sur du contenu écrit. Comprendre son rôle et son impact permet d'exploiter au mieux les opportunités de la rédaction assistée par IA.

Le rôle du contenu dans le référencement et la visibilité

Le référencement naturel (SEO) repose sur la qualité et la pertinence du contenu. Google privilégie les pages qui offrent une valeur informative et qui répondent aux requêtes des internautes.

•Un bon contenu bien structuré avec des mots-clés optimisés améliore le classement sur Google.

•Les articles longs et détaillés ont plus de chances d'être partagés et de recevoir des backlinks.

•Un site avec un blog actif attire jusqu'à 55 % de trafic en plus qu'un site sans contenu régulier.

Exemple : Un site e-commerce qui publie des guides d'achat optimisés pour le SEO voit ses pages mieux classées et attire plus de visiteurs.

L'impact des articles de qualité sur les ventes et l'engagement

Le contenu ne sert pas seulement à informer, il influence aussi les décisions d'achat :

•Un bon storytelling autour d'un produit augmente son attrait.

•Des articles de blog éducatifs rassurent les clients avant l'achat.

•Un bon copywriting améliore le taux de conversion sur une page de vente.

Exemple : Une boutique en ligne vendant des compléments alimentaires peut attirer plus de clients avec un blog sur les bienfaits de la nutrition.

Exemples de sites qui réussissent grâce au contenu

1.HubSpot – Blog de marketing qui génère des millions de visiteurs et vend des logiciels grâce à son contenu.

2.Neil Patel – Expert SEO qui attire du trafic avec des articles détaillés et vend ses services de consulting.

3.Shopify Blog – Guide e-commerce qui booste les ventes en aidant les entrepreneurs.

À retenir : Une stratégie de contenu bien pensée permet d'attirer du trafic gratuitement et de monétiser efficacement un site.

1.2. Les différents types de contenu rédigé

Chaque plateforme en ligne a ses propres exigences en matière de contenu. Il est donc essentiel de s'adapter aux formats et aux attentes du public.

Articles de blog et SEO

•Permettent d'attirer un trafic régulier via Google.

•Peuvent être optimisés avec ChatGPT pour accélérer la rédaction.

•Stratégie efficace : Guides détaillés, listes et études de cas.

Exemple : Un blog sur le fitness qui publie un guide détaillé sur "Comment perdre du poids en 30 jours" pourra générer du trafic pendant des années.

Newsletters et e-mails marketing

•Un des outils les plus rentables du marketing digital.

•Permet de créer une relation directe avec son audience.

•Des outils comme ChatGPT aident à automatiser la création de newsletters engageantes.

Exemple : Un coach en développement personnel envoie une newsletter hebdomadaire avec des conseils et des offres exclusives pour fidéliser son audience.

Contenu pour les réseaux sociaux

•Posts courts mais impactants (Instagram, Facebook, Twitter).

•Contenus engageants comme les carrousels et les threads Twitter.

•L'IA aide à générer rapidement des captions et des idées de posts.

Exemple : Un community manager utilise ChatGPT et Canva pour créer et programmer 30 publications en une seule journée.

À retenir : Chaque type de contenu a ses avantages et peut être automatisé avec l'IA pour gagner du temps.

1.3. Les opportunités pour les rédacteurs de contenu

La demande en contenu écrit est en pleine explosion avec l'essor du digital. De nombreuses opportunités s'ouvrent aux rédacteurs, surtout en intégrant les outils IA pour maximiser leur productivité.

Le freelancing (rédaction pour des clients)

•Plateformes comme Upwork, Fiverr, Textbroker pour trouver des missions.

•Les clients cherchent des rédacteurs capables de produire du contenu SEO optimisé.

•Avec l'IA, un rédacteur peut produire plus de contenu en moins de temps et augmenter ses revenus.

Exemple : Un rédacteur facture 100 € pour un article de 1000 mots, qu'il rédige en 30 minutes avec ChatGPT au lieu de 2 heures.

La création d'un blog monétisé

•Générer des revenus avec Google AdSense, l'affiliation et la vente de produits numériques.

•L'IA aide à rédiger rapidement des articles et à optimiser le référencement.

•Un blog bien positionné peut devenir une source de revenus passifs.

Exemple : Un blog sur les voyages monétisés via Amazon Affiliates rapporte plusieurs centaines d'euros par mois.

L'utilisation de l'IA pour produire du contenu plus rapidement

•ChatGPT, Jasper AI et Copy.ai permettent de rédiger 5 à

10 fois plus vite.

•Outils IA pour générer des idées, reformuler et corriger les textes.

•Idéal pour les freelances et les entrepreneurs qui veulent optimiser leur temps.

Exemple : Un rédacteur freelance utilise ChatGPT pour générer un plan d'article, puis l'adapte avec son expertise pour livrer un contenu de qualité.

Résumé du chapitre

✓ Le contenu est indispensable pour la visibilité et les ventes en ligne.

✓ Différents types de contenu existent : blogs, emails, réseaux sociaux.

✓ De nombreuses opportunités permettent de monétiser la rédaction, surtout avec l'IA.

Chapitre 2 : Utilisation De Chatgpt Et Autres Outils Ia

L'Intelligence Artificielle révolutionne la rédaction de contenu en ligne. Avec des outils comme ChatGPT, les créateurs de contenu, blogueurs et entrepreneurs peuvent produire des articles, des posts et des emails en quelques minutes. Cependant, pour exploiter au mieux ces outils, il est essentiel de savoir comment bien les utiliser, optimiser le contenu généré et éviter les erreurs courantes.

2.1. ChatGPT : un assistant puissant pour

la rédaction

ChatGPT est l'un des outils les plus avancés pour la rédaction assistée par IA. Il permet de générer du contenu rapidement, de reformuler des phrases et d'améliorer la fluidité des textes.

Comment générer un article en quelques minutes ?

1.Définir le sujet et l'objectif

Exemple : "Rédiger un article sur les bienfaits du minimalisme".

Déterminer le public cible et le style d'écriture souhaité.

2.Utiliser des prompts précis

"Peux-tu rédiger un article de 1000 mots sur le minimalisme avec une introduction, trois parties et une conclusion ?"

"Peux-tu ajouter des exemples concrets et des statistiques pour appuyer les arguments ?"

3.Optimiser la structure et peaufiner le contenu

Vérifier la cohérence et ajouter des transitions fluides.

Compléter avec des sources et des citations pertinentes.

Optimiser la qualité du texte avec des prompts efficaces

Un bon prompt améliore la qualité du texte généré. Voici quelques exemples :

•Pour un article structuré :

"Écris un article de 1500 mots sur l'investissement en bourse. Structure-le en introduction, trois sections détaillées et une conclusion."

•Pour améliorer un texte existant :

"Réécris ce paragraphe en le rendant plus percutant et fluide."

•Pour un ton spécifique :

"Peux-tu écrire ce texte avec un ton inspirant et motivant ?""

Corriger et reformuler avec l'IA

•Amélioration stylistique : "Rends ce texte plus fluide et naturel".

•Réduction des répétitions : "Simplifie cette phrase sans perdre son sens".

•Correction grammaticale : "Corrige les fautes et améliore la syntaxe de ce texte".

À retenir : ChatGPT est un excellent point de départ, mais il faut toujours relire et affiner le contenu généré.

2.2. Autres outils IA pour améliorer la rédaction

En complément de ChatGPT, plusieurs outils permettent d'affiner la rédaction, d'optimiser le SEO et d'améliorer la qualité du texte.

Grammarly et QuillBot pour la correction et le style

•Grammarly : Corrige les fautes d'orthographe et suggère des améliorations stylistiques.

•QuillBot : Permet de reformuler un texte en plusieurs styles (formel, créatif, concis).

Exemple d'utilisation : Un article généré par ChatGPT peut être relu et amélioré avec Grammarly pour éviter les erreurs et optimiser la lisibilité.

SurferSEO et Frase.io pour le référencement

•SurferSEO : Analyse les mots-clés et compare le texte aux articles les mieux classés sur Google.

•Frase.io : Aide à structurer un article pour qu'il corresponde aux intentions de recherche des internautes.

Exemple d'utilisation : Avant de publier un article, utiliser SurferSEO pour ajuster le nombre de mots-clés et améliorer le référencement naturel.

Jasper AI et Writesonic pour la création de contenu optimisé

•Jasper AI : Génère des textes optimisés pour le marketing digital et le SEO.

•Writesonic : Créé rapidement des descriptions de produits, des publicités et du contenu de blog.

Exemple d'utilisation : Un entrepreneur en e-commerce peut générer des descriptions de produits optimisées pour Amazon en quelques secondes avec Jasper AI.

À retenir : Combiner plusieurs outils permet d'optimiser le contenu et d'obtenir un texte de qualité professionnelle.

2.3. *Éviter les erreurs et garder un style humain*

L'un des risques de la rédaction avec IA est de produire un texte trop générique, robotisé ou sans âme. Voici comment éviter ces pièges et rendre le contenu plus authentique.

Comment éviter un texte trop robotisé ?

•Ne pas publier un texte brut généré par l'IA sans modification.

•Ajouter des anecdotes, des opinions personnelles et des exemples concrets.

•Vérifier que le ton correspond bien au public cible.

Exemple : Un article de blog sur le développement personnel sera plus engageant s'il inclut des expériences personnelles et des conseils pratiques plutôt qu'une simple liste d'astuces générée par l'IA.

≈ L'importance de personnaliser et d'ajouter sa touche personnelle

•Réécrire certaines parties en y ajoutant son expertise.

•Utiliser des mots-clés spécifiques et adaptés à son audience.

•Insérer des citations ou des références pour crédibiliser le contenu.

Exemple : Un rédacteur peut améliorer un article généré par IA en ajoutant des témoignages réels ou des études de cas pour le rendre plus authentique.

Vérifier et valider les informations générées par l'IA

•Toujours croiser les sources et vérifier la fiabilité des données.

•Éviter les fausses informations ou les approximations générées par l'IA.

•Relire attentivement pour s'assurer de la cohérence et de la logique du texte.

À retenir : L'IA est un excellent assistant, mais c'est l'humain qui apporte la valeur ajoutée en personnalisant le contenu.

Résumé du chapitre

✓ ChatGPT permet de rédiger rapidement des articles et du contenu optimisé.

✓ Des outils comme Grammarly, SurferSEO et Jasper AI aident à améliorer la qualité et le SEO.

✓ Pour éviter un contenu trop robotisé, il faut personnaliser, reformuler et vérifier les informations.

Chapitre 3 : Monétiser Ses Articles (Blog, Freelance, Etc.)

Le contenu écrit ne sert pas uniquement à informer ou à divertir : il peut également générer des revenus significatifs. Que ce soit en travaillant en freelance, en créant un blog rentable ou en vendant du contenu sous différentes formes, il existe plusieurs stratégies pour monétiser ses compétences en rédaction. Ce chapitre explore les meilleures méthodes pour transformer l'écriture en une source de revenus durable.

3.1. Devenir rédacteur freelance

Le freelancing est l'un des moyens les plus rapides et accessibles pour monétiser ses compétences en rédaction. De nombreux clients recherchent des rédacteurs pour créer des articles, des descriptions de produits, des emails marketing ou du contenu pour les réseaux sociaux.

Plateformes pour trouver des clients

Pour débuter en tant que rédacteur freelance, il est possible de s'inscrire sur plusieurs plateformes qui mettent en relation les freelances et les entreprises :

•Fiverr : Idéal pour proposer des services à des prix attractifs et gagner en visibilité.

•Upwork : Plateforme internationale qui permet de décrocher des contrats bien rémunérés.

•Malt : Très populaire en France, idéale pour collaborer avec des entreprises locales.

Conseil : Il est important de créer un profil attractif, d'afficher des exemples de travaux et d'accumuler des avis positifs pour obtenir plus de clients.

Stratégies pour se démarquer et fixer ses tarifs

•Spécialisation : Choisir une niche rentable (SEO, finance, tech, santé, etc.).

•Portfolio : Créer un site personnel ou un blog pour montrer ses compétences.

•Fixation des tarifs : Ne pas sous-évaluer son travail. Facturer selon la valeur apportée et non juste selon le nombre de mots.

Exemple de tarifs :

•Débutant : 0,05€ à 0,08€ par mot

•Intermédiaire : 0,10€ à 0,15€ par mot

•Expert : 0,20€ à 0,50€ par mot et plus

Comment l'IA peut accélérer le travail et augmenter ses revenus

L'IA peut aider à :

✓ Rédiger des brouillons plus rapidement avec ChatGPT.

✓ Améliorer le SEO avec SurferSEO et Frase.io.

✓ Corriger et reformuler avec Grammarly et QuillBot.

Astuce : Un rédacteur qui utilise l'IA efficacement peut produire 2 à 3 fois plus d'articles en un même temps, augmentant ainsi ses revenus.

3.2. Créer et monétiser un blog

Un blog bien construit peut devenir une source de revenus passive grâce à diverses stratégies de monétisation.

Trouver une niche rentable et attirer du trafic

Une niche rentable doit répondre aux critères suivants :

•Forte demande (exemple : finance, entrepreneuriat, bien-être).

•Potentiel SEO (beaucoup de recherches Google sur le sujet).

•Possibilité de monétisation (affiliation, formations, produits digitaux).

Outils utiles : Google Trends, Ubersuggest, Ahrefs pour analyser les tendances.

Monétisation via la publicité, l'affiliation et les formations

1.Publicité :

Google AdSense : Génère des revenus passifs en affichant des annonces.

Réseaux publicitaires premium : Mediavine, Ezoic (pour les blogs avec beaucoup de trafic).

2.Affiliation :

Amazon Associates : Commission sur chaque produit vendu via un lien.

Partenariats directs : Promouvoir des logiciels ou des formations.

3.Vente de formations et d'ebooks :

Transformer les articles en guides PDF payants.

Créer des formations en ligne via Teachable, Podia ou Gumroad.

Exemple de blog rentable : Un blog sur l'investissement peut générer des revenus via des articles sponsorisés, de l'affiliation sur des plateformes de trading et la vente de formations sur la bourse.

Automatiser la publication avec IA

L'IA peut permettre de planifier du contenu en avance :

✓ Rédiger des articles avec ChatGPT et Jasper AI.

✓ Générer des visuels avec Canva et Midjourney.

✓ Programmer les publications avec WordPress et des outils comme Buffer.

3.3. *Vendre du contenu sous différentes formes*

Au-delà des articles et des blogs, il est possible de monétiser son contenu sous diverses formes.

Proposer des guides et ebooks payants

Un ebook bien structuré peut-être vendu sur Amazon KDP, Gumroad, ou Payhip.

Idée : Transformer ses meilleurs articles en un guide PDF premium et le vendre via un blog ou une newsletter.

Rédiger des scripts pour vidéos YouTube

De nombreux YouTubeurs paient des rédacteurs pour

écrire des scripts engageants.

Plateformes pour proposer ce service : Fiverr, Upwork, ou contacter directement des créateurs sur YouTube.

Créer une newsletter monétisée

Une newsletter peut générer des revenus via :

✔ Des abonnements payants (via Substack, Ghost).

✔ Des sponsors et des placements de produits.

✔ La promotion de services et formations personnelles.

Exemple : Une newsletter sur l'entrepreneuriat peut être monétisée avec des publicités et des formations exclusives.

Résumé du chapitre

✔ Le freelancing est une excellente option pour monétiser immédiatement ses compétences en rédaction.

✔ Un blog bien optimisé peut devenir une source de revenus passive via la publicité, l'affiliation et la vente de formations.

✔ Il est possible de vendre du contenu sous différentes formes, comme des ebooks, des scripts ou des newsletters monétisées.

Chapitre 4 : Optimiser Son Activité De Rédacteur Ia

Avec l'évolution de l'intelligence artificielle, les rédacteurs peuvent gagner en productivité, améliorer la qualité de leur contenu et diversifier leurs sources de revenus. Ce chapitre explore les stratégies pour maximiser l'efficacité, fidéliser une audience et évoluer vers des opportunités plus rentables.

4.1. Gagner du temps et produire efficacement

L'utilisation intelligente de l'IA permet d'optimiser son flux de travail et d'augmenter sa production sans sacrifier la qualité.

Automatiser la recherche de sujets et la génération d'idées

Trouver des sujets pertinents et tendances est essentiel pour attirer l'attention et améliorer son référencement.

Outils utiles :

•Google Trends : Identifier les sujets populaires.

•Answer The Public : Trouver des questions fréquemment posées par les internautes.

•Frase.io et SurferSEO : Analyser les mots-clés et les tendances SEO.

Astuce : Utiliser ChatGPT pour générer une liste de sujets en fonction de sa niche.

Planifier un calendrier éditorial avec IA

Un calendrier éditorial permet d'organiser ses publications et de maintenir une régularité essentielle pour la fidélisation.

Comment l'IA peut aider ?

✓ Générer des idées de contenu sur plusieurs semaines.

✓ Programmer des articles à l'avance avec WordPress ou

Notion.

✓ Automatiser la diffusion sur les réseaux sociaux avec Buffer ou Hootsuite.

Exemple : Un rédacteur peut utiliser ChatGPT pour planifier un mois de contenu en une seule session et optimiser sa stratégie.

Utiliser des modèles pour rédiger plus vite

Plutôt que de repartir de zéro à chaque fois, il est possible d'utiliser des modèles réutilisables.

Modèles de rédaction IA :

•Introduction accrocheuse

•Structure d'article optimisée SEO (H1, H2, H3)

•Appel à l'action efficace

Astuce : Jasper AI et Writesonic proposent des modèles prêts à l'emploi pour rédiger des articles de blog, des newsletters et des descriptions de produits en quelques minutes.

4.2. Se créer une identité et fidéliser son audience

Avec l'essor de l'IA, se différencier devient essentiel. Un rédacteur IA doit donc cultiver son propre style pour attirer et fidéliser son audience.

Développer un ton unique malgré l'IA

L'un des risques de l'IA est de produire du contenu générique et impersonnel.

Solutions :

✔ Injecter des anecdotes personnelles dans les articles.

✔ Utiliser des expressions et un vocabulaire distinctif.

✔ Adapter son style selon l'audience (humoristique, formel, décontracté...).

Exemple : Un rédacteur en finance peut se démarquer en rendant ses articles accessibles avec des analogies simples et un ton engageant.

Interagir avec son audience pour maximiser l'engagement

Une audience engagée est plus susceptible de partager, commenter et acheter des services ou des produits.

Stratégies d'engagement :

•Répondre aux commentaires et messages sur les réseaux sociaux.

•Créer une newsletter avec du contenu exclusif.

•Organiser des sondages et des Q&A pour mieux comprendre son audience.

Astuce : Utiliser ChatGPT pour rédiger des réponses engageantes et personnalisées.

Construire une marque personnelle forte

Un rédacteur IA peut aller plus loin en développant une marque personnelle reconnue.

Étapes clés :

✔ Avoir une identité visuelle (logo, couleurs, typographie).

✔ Publier régulièrement sur LinkedIn, Medium ou un

blog personnel.

✔ Créer une offre unique (exemple : « Rédaction IA optimisée SEO »).

Exemple : Un rédacteur qui partage des études de cas et des témoignages clients sur son site et LinkedIn devient une référence dans son domaine.

4.3. Évoluer et diversifier ses sources de revenus

Pour maximiser ses gains, il est essentiel de ne pas se limiter à la simple rédaction d'articles.

Passer de rédacteur à consultant en contenu

Plutôt que de vendre uniquement des articles, un rédacteur IA peut proposer des services premium comme le consulting en stratégie de contenu.

Exemples de services premium :

✔ Audits SEO pour blogs et entreprises.

✔ Formations sur l'utilisation de l'IA en rédaction.

✔ Coaching pour rédacteurs et entrepreneurs.

Exemple : Un rédacteur qui maîtrise SurferSEO peut proposer un service d'optimisation de contenu à des entreprises.

Utiliser l'IA pour développer d'autres types de services (copywriting, storytelling)

L'IA ne se limite pas aux articles de blog : elle peut être utilisée pour produire du copywriting percutant et des récits engageants.

Exemples de services à proposer :

✓ Rédaction de pages de vente et d'emails marketing (Copy.ai, Jasper AI).

✓ Création de contenu narratif et storytelling pour marques et influenceurs.

✓ Génération de scénarios pour vidéos YouTube ou publicités.

Exemple : Un rédacteur IA qui maîtrise le copywriting peut facturer plusieurs centaines d'euros pour une page de vente optimisée.

Explorer les nouvelles tendances de la rédaction IA

L'univers de l'IA évolue rapidement, et les rédacteurs doivent s'adapter aux nouvelles tendances.

Tendances à surveiller :

✓ L'IA vocale et les assistants conversationnels (Google Bard, ChatGPT avancé).

✓ Le contenu interactif et personnalisé.

✓ L'optimisation SEO en temps réel avec IA.

Astuce : Se former en continu sur les nouvelles technologies et outils IA permet d'anticiper les évolutions du marché.

Résumé du chapitre

✓ Gagner en productivité avec l'IA grâce à l'automatisation et aux modèles de rédaction.

✓ Se différencier en développant une identité unique et en engageant son audience.

✓ Évoluer vers des services premium comme le consulting en contenu et le copywriting IA.

✓ Rester à jour sur les nouvelles tendances pour garder un avantage concurrentiel.

PARTIE 3 : COMMUNITY MANAGER IA

Chapitre 1 : Automatisation Des Publications

1.1. L'importance de la gestion des réseaux sociaux

Pourquoi une présence en ligne est essentielle pour une marque

Les réseaux sociaux sont devenus incontournables pour toute marque, entreprise ou entrepreneur souhaitant développer sa visibilité. Une bonne gestion de ces plateformes permet de :

•Accroître la notoriété : Plus de 4,5 milliards de personnes utilisent les réseaux sociaux.

•Créer une communauté engagée : Échanger avec son audience renforce la fidélisation.

•Augmenter les ventes : Une bonne stratégie sociale peut générer des conversions.

•Analyser les tendances : Comprendre les attentes du public et ajuster son offre.

Les types de contenus qui fonctionnent sur chaque plateforme

Chaque réseau social a ses spécificités et ses formats de contenus performants :

•Facebook : Articles, vidéos longues, groupes de discussion.

- Instagram : Photos, stories, réels courts et visuels attractifs.

- LinkedIn : Contenus professionnels, articles longs, études de cas.

- Twitter (X) : Messages courts, actualités, threads détaillés.

- TikTok : Vidéos courtes, challenges, tendances virales.

- YouTube : Vidéos longues, tutoriels, documentaires.

Astuce : L'IA permet d'adapter automatiquement les formats aux plateformes pour maximiser l'engagement.

Comment l'IA peut faciliter le travail du community manager

L'intelligence artificielle automatise et optimise plusieurs tâches clés :

- Génération de contenu : ChatGPT ou Jasper peuvent rédiger des posts attractifs.

- Création d'images et vidéos : Canva AI et DALL·E facilitent la conception graphique.

- Planification et publication : Des outils comme Buffer et Hootsuite gèrent les publications automatiques.

- Analyse des performances : L'IA identifie les contenus les plus performants et propose des améliorations.

Résultat : Moins de temps passé sur la gestion quotidienne et plus de focus sur la stratégie !

1.2. Planifier et automatiser les posts avec IA

Utilisation d'outils comme Buffer, Hootsuite et Metricool

Planifier à l'avance ses publications est essentiel pour maintenir une présence en ligne constante. Voici quelques outils incontournables :

•Buffer : Publie automatiquement sur plusieurs plateformes.

•Hootsuite : Outil puissant avec analyse de performance intégrée.

•Metricool : Permet de suivre l'engagement et optimiser ses stratégies.

Astuce : Ces outils peuvent être connectés à ChatGPT pour générer des posts automatiquement.

Génération automatique de légendes et hashtags pertinents

L'IA aide à rédiger des descriptions engageantes et à choisir les meilleurs hashtags :

•ChatGPT : Génère des légendes optimisées et attractives.

•Hashtagify : Trouve les hashtags tendances pour toucher plus de monde.

•RiteTag : Analyse en temps réel la pertinence des hashtags sur chaque plateforme.

Création de visuels attrayants avec Canva AI et Midjourney

Les visuels sont cruciaux pour capter l'attention. Heureusement, l'IA permet de créer des images sans compétences en design :

•Canva AI : Crée des posts professionnels en quelques clics.

•Midjourney & DALL·E : Génèrent des images uniques à partir de descriptions textuelles.

Astuce : Associez des visuels percutants avec des légendes engageantes pour maximiser l'impact.

1.3. Maintenir une régularité sans effort

Élaborer un calendrier éditorial IA

Un calendrier éditorial permet d'organiser et planifier les publications à l'avance. L'IA peut :

•Suggérer les meilleurs moments pour publier en fonction de l'audience.

•Générer des idées de contenus basées sur les tendances actuelles.

•Automatiser les rappels pour ne jamais manquer une publication.

Programmer du contenu en avance

Planifier du contenu sur un mois ou plus garantit une présence constante sans effort.

Utilisez un mix d'outils IA (ChatGPT, Canva, Hootsuite) pour automatiser tout le processus.

Adapter automatiquement les posts aux tendances actuelles

Les algorithmes IA analysent en temps réel les tendances pour adapter les contenus :

•Google Trends : Identifie les sujets populaires.

•BuzzSumo : Repère les contenus viraux sur le web.

•IA de Metricool : Ajuste les publications en fonction des évolutions du marché.

Astuce : Intégrez des références à l'actualité et aux tendances pour booster l'engagement.

Résumé du chapitre

✓ L'IA permet d'automatiser la gestion des réseaux sociaux et de gagner du temps.

✓ Planifier et programmer ses posts garantit une présence régulière sans effort.

✓ Utiliser des outils IA comme ChatGPT, Canva AI et Buffer permet d'optimiser l'impact des publications.

Chapitre 2 : Interaction Avec Les Abonnés Grâce À L'ia

2.1. Répondre aux messages et commentaires avec l'IA

Utilisation des chatbots (ManyChat, Chatfuel)

L'interaction rapide avec les abonnés est essentielle pour maintenir une bonne relation avec son audience. Les chatbots IA permettent de répondre aux messages automatiquement et efficacement.

Outils populaires :

•ManyChat : Idéal pour Facebook Messenger, Instagram et WhatsApp. Permet d'automatiser les réponses aux questions fréquentes.

•Chatfuel : Un des leaders pour créer des bots sans coder, parfait pour interagir avec les abonnés 24/7.

•Drift & MobileMonkey : Spécialisés dans les interactions

clients et la génération de leads.

Exemple : Un chatbot peut répondre immédiatement aux questions courantes sur les produits, partager des liens ou diriger l'utilisateur vers un service client humain si nécessaire.

Génération de réponses automatiques personnalisées

Les abonnés préfèrent des interactions naturelles plutôt que des réponses robotisées. L'IA permet de :

✔ Analyser le message et proposer une réponse contextuelle.

✔ Adapter le ton en fonction de la situation (réponse professionnelle ou amicale).

✔ Automatiser des messages de bienvenue ou des remerciements après une interaction.

Outils recommandés :

•ChatGPT + API : Permet d'entraîner un bot à répondre de manière personnalisée.

•Zendesk AI & Crisp Chat : Outils professionnels de gestion des interactions clients.

Filtrer et hiérarchiser les messages importants

Lorsqu'on reçoit des centaines de messages et commentaires, l'IA peut aider à :

•Détecter les messages urgents (ex. plainte client, demande de collaboration).

•Mettre en avant les commentaires à fort engagement pour une meilleure visibilité.

•Filtrer les spams ou messages toxiques automatiquement.

Outils IA utiles :

•Meta Business Suite (Facebook & Instagram) : Classe automatiquement les messages par priorité.

•Sprinklr & Sprout Social : Analytiques avancées pour filtrer et répondre aux messages importants.

2.2. Analyser l'engagement et adapter sa stratégie

Suivi des performances des publications avec IA (Meta Business Suite, Sprout Social)

Pourquoi c'est important ?

L'analyse de l'engagement permet de savoir quels types de contenus fonctionnent le mieux et d'optimiser sa stratégie.

Outils recommandés :

•Meta Business Suite : Donne des insights détaillés sur Facebook & Instagram.

•Sprout Social : Analyse les interactions sur plusieurs plateformes et propose des recommandations IA.

•Hootsuite Analytics : Génère des rapports automatiques sur l'évolution de l'engagement.

Exemple : L'IA peut suggérer d'adapter la fréquence de publication ou de privilégier un type de contenu spécifique (vidéo, carrousel, stories).

Identification des meilleures heures de publication

L'IA analyse l'historique d'engagement et les comportements des abonnés pour recommander les meilleurs moments de publication.

Outils efficaces :

•Later & Metricool : Suggèrent des créneaux optimaux pour poster sur Instagram et TikTok.

•CoSchedule : Analyse les interactions et ajuste les heures de publication en conséquence.

Astuce : Publier au bon moment peut augmenter la portée de 50% à 100% sur certains réseaux.

Ajustement du ton et du style en fonction des retours du public

L'IA analyse les commentaires et interactions pour comprendre comment le public perçoit les publications.

✓ Si les abonnés réagissent mieux aux posts humoristiques, l'IA peut proposer d'adopter un ton plus léger.

✓ Si des sujets suscitent des réactions négatives, elle peut suggérer d'éviter certaines thématiques.

✓ L'IA aide à tester différentes approches et à ajuster les contenus en fonction des retours.

Outils IA pour analyser le ton :

•MonkeyLearn : Analyse les sentiments des commentaires et posts.

•Talkwalker : Surveille la réputation de la marque en analysant les réactions du public.

2.3. Gérer une communauté sans y passer trop de temps

Modération automatique des commentaires (ChatGPT, IA de Facebook)

La modération est essentielle pour garder un espace sain

sur ses réseaux. L'IA peut :

✓ Supprimer les commentaires inappropriés ou agressifs.

✓ Filtrer les messages haineux ou spam.

✓ Répondre automatiquement aux questions récurrentes.

Outils recommandés :

•IA de Facebook & Instagram : Détecte et masque automatiquement les commentaires offensants.

•Jasper AI : Génère des réponses polies aux commentaires sensibles.

•ChatGPT + Zapier : Peut automatiser des modérations personnalisées.

Astuce : Définissez des mots-clés bloqués pour éviter certains contenus nuisibles sous vos publications.

Identifier et supprimer les spams ou messages inappropriés

L'IA peut repérer et supprimer automatiquement :

•Les messages contenant des liens frauduleux.

•Les commentaires répétitifs ou bots publicitaires.

•Les attaques personnelles et propos haineux.

Outils anti-spam IA :

•Nightbot & Automod (Twitch, YouTube) : Bloque les spams et trolls en direct.

•Hive Moderation : IA avancée pour la détection de contenus inappropriés.

Créer une relation de proximité avec son audience grâce à l'IA

L'IA permet de personnaliser l'expérience des abonnés en :

✓ Leur envoyant des messages automatisés après une interaction.

✓ Créant des réponses sur mesure en fonction des préférences de chacun.

✓ Segmentant l'audience pour proposer du contenu adapté à chaque groupe.

Exemple d'outils IA pour améliorer la relation avec l'audience :

•HubSpot & ActiveCampaign : Créent des séquences de messages personnalisées.

•Tidio Chatbot : Répond aux questions et oriente les visiteurs vers des offres adaptées.

Astuce : Utilisez les données collectées par l'IA pour comprendre les attentes de votre communauté et proposer du contenu plus engageant.

Résumé du chapitre

✓ Automatiser les réponses et commentaires grâce aux chatbots IA pour un gain de temps.

✓ Analyser l'engagement avec IA pour optimiser sa stratégie de contenu.

✓ Utiliser l'IA pour modérer et sécuriser son espace en ligne.

✓ Personnaliser les interactions pour renforcer la relation avec les abonnés.

Chapitre 3 : Outils Ia Pour Maximiser

L'engagement

3.1. Générer du contenu engageant avec IA

Création d'infographies et vidéos courtes avec IA

Les contenus visuels attirent davantage l'attention et génèrent plus d'engagement que les simples textes. L'IA facilite la création rapide et efficace de visuels et vidéos :

Outils recommandés :

•Canva AI : Génère des infographies et visuels percutants en quelques clics.

•Pictory & InVideo AI : Créent des vidéos courtes à partir de textes ou d'articles.

•Lumen5 : Transforme des articles en vidéos engageantes.

Astuce : Ajoutez des sous-titres automatiques avec Descript pour optimiser l'engagement sur les vidéos.

Génération d'idées de publications virales

L'IA peut suggérer des idées de contenu adaptées à votre audience en analysant les tendances du moment.

Outils IA utiles :

•ChatGPT & Jasper AI : Génèrent des concepts de publications engageantes.

•BuzzSumo : Identifie les tendances et sujets les plus partagés sur les réseaux sociaux.

•AnswerThePublic : Détecte les questions que se posent les internautes.

Exemple : Une marque peut utiliser l'IA pour trouver les tendances actuelles sur TikTok et adapter son contenu en conséquence.

Storytelling et copywriting optimisés avec l'IA

Un bon storytelling booste l'interaction et fidélise les abonnés. L'IA aide à :

✓ Rédiger des légendes engageantes avec Copy.ai & Writesonic.

✓ Créer des scripts vidéo percutants en quelques secondes.

✓ Optimiser les descriptions en fonction des mots-clés tendances.

Outils recommandés :

•ChatGPT & Jasper : Idéaux pour du copywriting percutant.

•Headlime : Génère des titres accrocheurs optimisés pour l'engagement.

•Persado AI : Optimise les campagnes marketing avec du storytelling basé sur la psychologie des consommateurs.

Astuce : Testez différentes versions d'une publication pour voir laquelle fonctionne le mieux en engagement (A/B testing).

3.2. Publicité et ciblage intelligent avec IA

Utilisation de l'IA pour optimiser les campagnes publicitaires (Facebook Ads, Google Ads)

L'IA améliore les performances des campagnes en automatisant l'optimisation et en proposant des ajustements en temps réel.

Outils de publicité IA :

•Adzooma & Revealbot : Optimisent automatiquement les campagnes Google Ads et Facebook Ads.

•Phrasee AI : Génère des textes publicitaires performants basés sur l'analyse des meilleures pratiques.

•Albert AI : Automatisation complète des campagnes publicitaires.

Exemple : Un e-commerce peut utiliser Adzooma pour augmenter son taux de conversion en ajustant les enchères et le ciblage en temps réel.

Segmentation et ciblage automatique des audiences

L'IA analyse les comportements et préférences des utilisateurs pour mieux cibler les publicités.

Outils IA pour le ciblage :

•Facebook Lookalike Audiences : Trouve des audiences similaires aux clients existants.

•Google Smart Bidding : Ajuste automatiquement les enchères pour maximiser le retour sur investissement.

•Customer AI (Salesforce) : Prédictions basées sur le comportement des clients.

Astuce : Utilisez les audiences similaires pour toucher des prospects ayant les mêmes intérêts que vos clients actuels.

Analyse et optimisation en temps réel des performances

L'IA permet d'ajuster automatiquement les campagnes publicitaires en fonction des performances en temps réel.

Outils d'analyse IA :

•Hootsuite Ads : Optimise les campagnes et propose des recommandations en temps réel.

•Optmyzr : Analyse les performances Google Ads et ajuste les stratégies d'enchères.

•Google Analytics 4 : IA intégrée pour détecter les tendances et ajuster le ciblage publicitaire.

Astuce : Configurez des alertes IA pour ajuster automatiquement les publicités en cas de baisse des performances.

3.3. Développer une marque forte grâce à l'IA

Créer une identité visuelle cohérente et impactante

L'IA peut vous aider à créer une charte graphique unique pour que votre marque soit reconnaissable instantanément.

Outils IA pour l'identité visuelle :

•Looka & Brandmark : Génèrent des logos et palettes de couleurs adaptés à votre marque.

•Khroma AI : Suggère des combinaisons de couleurs basées sur la psychologie visuelle.

•RunwayML & Deep Dream Generator : Créent des visuels uniques et artistiques pour une identité forte.

Astuce : Assurez-vous que toutes vos publications respectent la même esthétique pour une meilleure cohérence de marque.

Automatiser l'analyse concurrentielle et s'inspirer des tendances

L'IA permet d'analyser les concurrents et d'identifier les tendances à suivre.

Outils IA pour l'analyse concurrentielle :

•Crimson Hexagon & Brandwatch : Surveillent les stratégies des concurrents en temps réel.

•Google Trends & Exploding Topics : Identifient les tendances émergentes avant qu'elles ne deviennent virales.

•Sprout Social : Compare l'engagement et les performances des concurrents.

Exemple : Une startup peut utiliser Google Trends pour anticiper les sujets tendances et publier du contenu avant la concurrence.

Personnaliser le contenu pour fidéliser les abonnés

L'IA permet de proposer des expériences ultra-personnalisées aux abonnés pour les fidéliser.

Outils IA pour la personnalisation :

•Dynamic Yield : Recommande du contenu adapté aux préférences des utilisateurs.

•Persado AI : Personnalise les messages marketing en fonction des émotions du public cible.

•Adobe Sensei : Optimise l'expérience utilisateur grâce à des recommandations IA.

Exemple : Un blog peut utiliser Dynamic Yield pour montrer des articles différents en fonction des intérêts de chaque visiteur.

Résumé du chapitre

✓ Générer du contenu engageant avec des outils IA de création graphique et vidéo.

✓ Optimiser les campagnes publicitaires avec un ciblage et un suivi automatisés.

✓ Développer une marque forte en automatisant l'analyse concurrentielle et la personnalisation du contenu.

Chapitre 4 : Devenir Un Community Manager Ia Rentable

4.1. Trouver des clients et fixer ses tarifs

Freelance : où proposer ses services ?

Devenir community manager spécialisé en IA est un marché en pleine expansion. Voici les plateformes où vous pouvez proposer vos services en freelance :

Plateformes généralistes :

•Upwork & Fiverr : Idéal pour trouver des missions ponctuelles.

•Malt : Plateforme européenne privilégiée pour les professionnels.

•PeoplePerHour : Orienté vers les services digitaux.

Plateformes spécialisées :

•Toptal : Pour les experts en stratégie digitale.

•Kolabtree : Pour les consultants en IA et marketing avancé.

•Freelancer.com : Large éventail d'offres dans le digital.

Astuce : Créez un profil attractif avec des études de cas et des exemples de résultats obtenus grâce à l'IA.

Stratégies pour se démarquer et montrer son expertise IA

✓ Mettre en avant vos outils IA : Mentionnez vos compétences avec ChatGPT, Jasper, ManyChat, Canva AI, Hootsuite, Adzooma, etc.

✓ Publier du contenu éducatif : Rédigez des articles LinkedIn ou Medium sur l'usage de l'IA dans la gestion des réseaux sociaux.

✓ Proposer un audit gratuit : Offrez une analyse IA des réseaux sociaux pour convaincre vos premiers clients.

✓ Créer un portfolio IA : Montrez des exemples concrets de publications créées avec l'IA et leurs résultats.

Déterminer ses tarifs en fonction des prestations proposées

Voici une base pour structurer vos tarifs :

Prestations de base :

•Gestion de réseaux sociaux IA (3-4 posts/semaine) → 300-500€/mois

•Modération IA (via chatbots et automatisations) → 200-400€/mois

•Création de contenu optimisé IA (posts, infographies, vidéos) → 100€/post

Prestations avancées :

•Stratégie digitale IA + publicité automatisée → 800-1500€/mois

•Création et gestion d'un chatbot IA pour engagement → 500-1200€

•Audit et optimisation d'une présence digitale IA → 400-1000€

Astuce : Facturez en pack pour augmenter votre valeur perçue. Exemple :

Pack gestion IA + modération + pub ciblée = 1500€/mois au lieu de 2000€ à la carte.

4.2. Créer et vendre des offres automatisées

Proposer des packs de gestion de réseaux sociaux assistés par IA

Vous pouvez proposer des offres packagées où tout est automatisé grâce à l'IA :

✔ Pack "Starter" → Création et publication automatisée (500€/mois)

✔ Pack "Growth" → Ajout d'une modération IA et gestion publicitaire (1000€/mois)

✔ Pack "Expert" → Stratégie complète avec reporting IA avancé (2000€/mois)

Outils d'automatisation recommandés :

•Zapier : Automatise la publication sur plusieurs plateformes.

•Hootsuite & Buffer : Planification et analyse IA.

•Adzooma : Optimisation automatique des publicités.

Astuce : Offrez un mois d'essai à prix réduit pour attirer vos premiers clients.

Vendre des templates et stratégies IA pour entreprises et influenceurs

L'IA vous permet de créer des produits numériques rentables :

Idées de produits vendables :

•Templates de publications Instagram optimisées par IA (30 modèles → 50€)

•Guide d'utilisation des chatbots IA pour les entreprises

(PDF 30 pages → 100€)

•Stratégie complète "Boost Engagement IA" (Plan d'action détaillé → 200-500€)

Où vendre ces produits ?

•Sur Gumroad, Etsy, Podia ou votre propre site.

•Sur Kajabi si vous souhaitez ajouter de la formation en complément.

Exemple : Un CM IA peut vendre un pack de 50 templates de posts Instagram avec IA pour 100€ à 200 clients, générant ainsi 20 000€ sans travail supplémentaire.

Automatiser les rapports et analyses pour fidéliser ses clients

L'IA peut générer des rapports ultra détaillés sans effort.

Outils recommandés :

•Google Data Studio : Création de rapports visuels automatiques.

•Sprout Social & Hootsuite Analytics : Analyse des performances et suggestions IA.

•Metricool : Génération de rapports IA pour réseaux sociaux et publicités.

Astuce : Facturez un supplément pour l'envoi de rapports IA personnalisés chaque mois (+100 à 500€/mois).

4.3. Évoluer et diversifier ses services

Passer du community management à la stratégie digitale IA

Les entreprises recherchent des experts capables d'intégrer l'IA dans leur stratégie marketing globale. Vous pouvez évoluer vers :

✔ Consultant IA en stratégie digitale (Facturation : 2000-5000€/projet)

✔ Spécialiste publicité IA (Facebook Ads, Google Ads automatisés)

✔ Expert en SEO IA (Optimisation et contenu IA pour Google)

Astuce : Proposez des formations internes aux entreprises pour monétiser votre savoir.

Proposer de la formation IA pour les entreprises

Les entreprises veulent apprendre à utiliser l'IA pour optimiser leur communication. Vous pouvez vendre :

✔ Formations en ligne (Udemy, Teachable, Kajabi)

✔ Ateliers en entreprise sur l'IA appliquée au marketing

✔ Coaching 1:1 sur la gestion digitale assistée par IA

Tarifs recommandés :

•Formation en ligne "IA & Community Management" → 99-499€

•Coaching IA (3 sessions x 1h) → 500-1000€

•Atelier entreprise IA (1 journée) → 1500-5000€

Exemple : Vendre 100 places à 299€ sur une formation IA = 29 900€ de CA .

Anticiper les évolutions du marketing digital avec l'IA

L'IA évolue vite, et rester à jour est un atout majeur. Pour vous différencier :

✔ Surveillez les tendances IA via des sites comme AI Business & Future Tools.

✓ Testez les nouvelles solutions IA dès leur sortie (Ex : Google Gemini, OpenAI Updates).

✓ Rejoignez des communautés de growth hacking IA (Reddit, Discord, Slack).

Astuce : Développez votre marque personnelle en publiant des insights réguliers sur LinkedIn ou YouTube.

Résumé du chapitre

✓ Trouver des clients en freelance et fixer ses tarifs selon ses prestations IA.

✓ Créer des offres automatisées et vendre des produits digitaux rentables.

✓ Évoluer vers le conseil, la formation et la stratégie digitale IA.

PARTIE 4 : CRÉATEUR DE VIDÉOS IA (SANS MONTAGE)

Chapitre 1 : Création De Vidéos Sans Compétences Techniques

1.1. Pourquoi la vidéo est le format dominant sur Internet ?

L'essor du contenu vidéo sur YouTube, TikTok, Instagram et Facebook

Le contenu vidéo a explosé ces dernières années :

✔ YouTube : Plus de 500 heures de vidéos téléchargées chaque minute.

✔ TikTok : Algorithme ultra-puissant favorisant les vidéos courtes et virales.

✔ Instagram & Facebook : Forte mise en avant des Reels et Stories.

Pourquoi ce succès ?

•Facilité de consommation : Une vidéo capte plus vite l'attention qu'un texte.

•Meilleur engagement : Un utilisateur retient 95% d'un message vidéo contre 10% en lisant un texte.

•Format favorisé par les algorithmes : Les plateformes boostent la visibilité des vidéos par rapport aux images et textes.

L'impact des vidéos sur l'engagement et la monétisation

Plus de vues = Plus d'interactions = Plus d'argent !

Les créateurs utilisent la vidéo pour :

✔ Booster l'engagement (likes, partages, commentaires)

✔ Monétiser via YouTube Ads, TikTok Creator Fund ou Instagram Reels Play

✔ Vendre des produits digitaux (formations, ebooks, abonnements)

✔ Attirer des sponsors et des partenariats

Exemples concrets :

•Un YouTuber avec 100 000 vues/mois peut gagner entre 500 et 2000€ en publicité.

•Un TikTokeur avec 1M de vues/mois peut générer entre 200 et 1000€ via le Creator Fund.

•Un influenceur Instagram peut facturer 1000€ à 5000€ par collaboration sponsorisée.

Comment l'IA rend la création vidéo accessible à tous

Avec l'IA, plus besoin de compétences en montage !

•Génération automatique : Des outils comme Synthesia ou Pictory créent des vidéos à partir de textes.

•Édition simplifiée : L'IA peut ajouter des sous-titres, transitions et effets en un clic.

•Voix off IA réalistes : Pas besoin d'enregistrer sa propre voix.

Conclusion : Aujourd'hui, tout le monde peut créer du contenu vidéo et en tirer profit, même sans être monteur ou vidéaste.

1.2. Outils IA pour créer des vidéos facile-

ment

Synthesia : Création de vidéos avec avatars animés IA

Synthesia.io permet de :

✓ Transformer un texte en vidéo avec un avatar réaliste qui parle.

✓ Générer une voix off IA dans plus de 120 langues.

✓ Créer des vidéos pro sans caméra ni microphone.

Idéal pour :

•Faire des vidéos explicatives ou tutorielles.

•Présenter des produits et services en mode profession-nel.

•Automatiser la création de vidéos marketing.

InVideo et Pictory : Transformer un texte en vidéo auto-matiquement

InVideo.io et Pictory.ai offrent :

✓ Des modèles prêts à l'emploi (corporate, storytelling, social media).

✓ Conversion de textes en vidéos en quelques clics.

✓ Ajout automatique de voix IA, sous-titres et anima-tions.

Idéal pour :

•Transformer des articles de blog en vidéos YouTube.

•Créer du contenu pour TikTok, Instagram ou Facebook rapidement.

•Générer des vidéos sans montage complexe.

Runway ML et HeyGen : Génération et édition de vidéos

simplifiées

Runway ML :

✓ Suppression automatique de l'arrière-plan sans fond vert.

✓ Effets spéciaux IA pour donner un rendu professionnel.

✓ Animation et amélioration vidéo avec IA.

HeyGen :

✓ Créer un avatar IA parlant en personnalisant son apparence et sa voix.

✓ Traduction automatique des vidéos en plusieurs langues.

✓ Idéal pour du contenu multilingue sur les réseaux sociaux.

Exemple d'utilisation :

Un entrepreneur peut utiliser HeyGen pour faire des vidéos promotionnelles en anglais et français sans enregistrer plusieurs fois.

1.3. Produire une vidéo en quelques minutes avec l'IA

Choisir un sujet et structurer son contenu

Avant de créer une vidéo, il faut un sujet clair et engageant :

✓ Définir un objectif (éduquer, divertir, vendre).

✓ Choisir un format (vidéo courte TikTok, tutoriel YouTube, présentation pro).

✓ Structurer son script :

•Introduction impactante

•Développement avec points clés

•Call to action (CTA) final

Exemple de script IA pour une vidéo YouTube :

"Saviez-vous que vous pouvez créer une vidéo sans compétences techniques ? Aujourd'hui, je vais vous montrer comment générer des vidéos professionnelles avec l'IA en moins de 5 minutes !"

⚡ Générer une vidéo en quelques clics avec un outil IA

1️⃣ Rédigez un texte ou importez un article.

2️⃣ Choisissez un modèle vidéo IA (Synthesia, InVideo, Pictory).

3️⃣ Ajoutez une voix IA ou un avatar animé.

4️⃣ Personnalisez les éléments visuels (couleurs, police, musique).

5️⃣ Laissez l'IA générer la vidéo en quelques secondes !

Exemple :

Un coach business peut convertir un article de blog en vidéo YouTube grâce à Pictory, puis la publier automatiquement.

Personnaliser les éléments pour un rendu professionnel

Éléments à personnaliser :

✓ Titre accrocheur en grand format.

✓ Sous-titres dynamiques pour améliorer la lisibilité.

✓ Animations et transitions fluides pour capter l'attention.

✓ Musique de fond libre de droits pour dynamiser la

vidéo.

Exemples d'outils pour améliorer le rendu :

•Canva Pro : Ajout d'éléments graphiques.

•CapCut AI : Montage simplifié avec effets tendances.

•Descript : Retouche audio et vidéo par IA.

Bonus : Ajouter des CTA intelligents (abonne-toi, lien en bio, commentaire interactif).

Résumé du chapitre

✓ La vidéo est le format dominant, favorisé par les plateformes et l'algorithme.

✓ L'IA rend la création vidéo accessible à tous, sans besoin de compétences techniques.

✓ Des outils comme Synthesia, Pictory ou InVideo permettent de créer des vidéos en quelques clics.

✓ Une bonne structuration et personnalisation permettent un rendu professionnel en un minimum de temps.

Chapitre 2 : Génération De Scripts Et Voix Off Avec L'ia

2.1. Écrire un script impactant avec ChatGPT

Trouver des idées de contenu viral

Les vidéos les plus populaires suivent des tendances et des formats éprouvés :

✔ Tendances actuelles : Analyse des sujets populaires via Google Trends, TikTok Discover et YouTube Trends.

✔ Formats engageants : Listes, challenges, comparaisons, storytelling, analyses.

✔ Utilisation de l'IA : Demandez à ChatGPT :

•"Donne-moi 5 idées de vidéos YouTube virales sur l'intelligence artificielle."

•"Quels sont les sujets tendance sur TikTok en ce moment ?"

Exemple d'idées générées par l'IA :

•"Comment l'IA peut remplacer ton travail en 2025 ?"

•"Top 5 des applications IA gratuites à essayer maintenant"

•"L'IA a écrit ce script... et voici le résultat !"

Générer un script structuré et engageant

Un bon script suit une structure simple :

1️⃣ Hook (accroche en 5 secondes max) : Pose une question intrigante ou fais une affirmation choc.

2️⃣ Développement : Décompose le sujet en points clairs et rythmés.

3️⃣ Call-to-action (CTA) : Demande à liker, commenter, s'abonner, cliquer sur un lien.

Exemple de prompt pour ChatGPT :

"Rédige un script YouTube percutant sur 'Les 3 meilleurs outils IA pour monter des vidéos rapidement'. Utilise un ton dynamique et accessible."

Exemple de script généré par ChatGPT :

"Saviez-vous que vous pouvez créer une vidéo professionnelle en 5 minutes... sans aucune compétence technique ? Aujourd'hui, je vous montre les 3 meilleurs outils IA pour révolutionner votre création vidéo !"

Adapter le style en fonction de la plateforme

Chaque plateforme a ses propres règles :

YouTube : Vidéos longues (8-15 min), storytelling, miniatures percutantes.

TikTok / Instagram Reels : Vidéos ultra-courtes (15-60 sec), dynamisme, texte à l'écran.

LinkedIn / Facebook : Contenu éducatif, format plus classique, ton professionnel.

Exemple d'adaptation d'un même script :

YouTube : "On va voir ensemble les meilleurs outils IA pour créer du contenu viral en 2024. Restez jusqu'à la fin, j'ai un bonus pour vous !"

TikTok : " Tu veux gagner du temps sur tes montages ? Voici 3 outils IA à tester MAINTENANT ! "

2.2. Créer une voix off professionnelle avec IA

Utilisation d'outils comme ElevenLabs, Murf AI et PlayHT

ElevenLabs : Voix IA ultra-réalistes, possibilité de cloner une voix.

Murf AI : Idéal pour des voix off naturelles et expressives.

PlayHT : Génération de voix off en plusieurs langues avec intonations personnalisables.

Exemple de workflow avec Murf AI :

1️⃣ Copier-coller son script.

2️⃣ Choisir une voix parmi plusieurs styles (masculin, féminin, dynamique, sérieux).

3️⃣ Régler le ton, la vitesse et l'intonation.

4️⃣ Télécharger l'audio et l'intégrer dans la vidéo.

Personnalisation du ton et du style vocal

L'IA permet d'adapter la voix selon le contexte :

✓ Voix dynamique et engageante pour TikTok.

✓ Voix posée et professionnelle pour une formation en ligne.

✓ Voix émotive et immersive pour un storytelling.

Exemple de prompt pour ElevenLabs :

"Génère une voix off en français pour un tutoriel sur l'IA avec un ton enthousiaste et accessible."

Intégration automatique de la voix off dans la vidéo

Logiciels recommandés :

✓ InVideo : Associe automatiquement le script, la voix IA et les visuels.

✓ Descript : Permet d'éditer l'audio et de synchroniser la voix avec la vidéo.

✓ Adobe Premiere Pro AI : Génère des sous-titres automatiques et ajuste la voix off.

Gagnez du temps : Certains outils synchronisent directement la voix off avec les animations.

2.3. Ajouter des sous-titres et des effets automatiques

Sous-titrage automatique avec Kapwing et Descript

✓ Kapwing : Ajout automatique de sous-titres stylisés pour TikTok/YouTube Shorts.

✓ Descript : Édition de texte et audio en même temps (corrige les erreurs vocales).

Pourquoi ajouter des sous-titres ?

•85% des vidéos sont regardées sans le son sur les réseaux sociaux.

•Améliore le SEO et la compréhension.

Exemple d'utilisation avec Kapwing :

1️⃣ Importer sa vidéo.

2️⃣ Activer la transcription automatique.

3️⃣ Modifier les sous-titres pour les rendre plus lisibles.

4️⃣ Exporter avec un design percutant.

Génération de transitions et animations automatiques

Outils IA pour dynamiser ses vidéos :

✓ Runway ML : Génère des effets visuels et animations IA.

✓ Veed.io : Crée des animations de texte et transitions automatiques.

✓ CapCut AI : Applique des filtres et effets tendance en un clic.

Exemple de workflow avec Veed.io :

1️⃣ Télécharger la vidéo brute.

2 Activer l'option "Animations IA".

3 Personnaliser les transitions et les effets.

4 Exporter en haute qualité pour TikTok ou YouTube Shorts.

Optimisation du format pour mobile et desktop

Adapter sa vidéo au bon format selon la plateforme :

✔ TikTok, Instagram Reels, YouTube Shorts : Format vertical (9:16).

✔ YouTube, Facebook, LinkedIn : Format horizontal (16:9).

Outils IA pour adapter automatiquement le format :

✔ Kapwing Auto Resize : Convertit une vidéo horizontale en verticale.

✔ InShot : Ajoute des marges et recadre automatiquement.

Bonnes pratiques :

•Mettre le texte en haut ou au centre pour éviter qu'il soit caché par l'interface.

•Ajouter un sous-titrage dynamique et des emojis pour maximiser l'impact.

Résumé du chapitre

✔ Un bon script est la base d'une vidéo réussie : ChatGPT permet de structurer et optimiser un contenu viral.

✔ Les voix off IA (ElevenLabs, Murf AI, PlayHT) rendent le processus plus rapide et professionnel.

✔ Des outils comme Kapwing et Descript facilitent l'ajout

automatique de sous-titres et d'effets.

✓ Optimiser ses vidéos selon la plateforme garantit un meilleur engagement.

Chapitre 3 : Monétiser Ses Vidéos (Youtube, Réseaux Sociaux, Etc.)

3.1. Gagner de l'argent avec YouTube et l'IA

Monétisation via le programme partenaire YouTube

YouTube permet de générer des revenus grâce à son Programme Partenaire YouTube (YPP). Pour être éligible :

✓ 1 000 abonnés minimum.

✓ 4 000 heures de visionnage (ou 10M de vues sur Shorts en 90 jours).

✓ Respecter les règles de monétisation de YouTube.

Sources de revenus YouTube :

•Publicités (AdSense) : CPM variant entre 1$ et 20$ selon la niche.

•Super Chats & Stickers (lors des lives).

•Abonnements payants : Contenu exclusif aux membres.

•YouTube Shopping : Vente de produits via YouTube.

•Affiliation et partenariats : Revenus via des liens trackés.

Optimisation pour gagner plus :

•Niche à haut CPM : Finance, tech, IA, formation en ligne.

•Vidéos longues (+8 min) : Permet d'insérer plus de pubs.

•Miniatures et titres accrocheurs pour maximiser le taux de clic.

Utilisation de l'IA pour créer du contenu régulier et optimisé

L'IA facilite la production rapide et efficace de vidéos monétisables.

Workflow automatisé avec l'IA :

1 Génération de scripts → ChatGPT (idées, structures, CTA).

2 Voix off IA → ElevenLabs, Murf AI (voix naturelles).

3 Montage assisté → Descript, Runway ML, InVideo.

4 Thumbnails IA → Canva, Midjourney, DALL-E (création automatique de miniatures).

5 SEO optimisé → TubeBuddy, VidIQ (mots-clés, tags, descriptions).

Exemple d'automatisation YouTube :

•Utiliser Pictory AI pour transformer un article en vidéo YouTube.

•Générer une voix off et ajouter des visuels IA en 10 minutes.

•Programmer et publier 10 vidéos par semaine avec une cadence optimisée.

Astuces pour augmenter le taux de rétention et les abonnés

Le secret pour booster son audience et maximiser ses gains :

Rétention maximale = YouTube booste les vidéos regardées jusqu'à la fin.

✓ Accroche percutante dès les 5 premières secondes.

✓ Chapitrage dynamique pour garder l'attention.

✓ Montage rapide (cuts fréquents, effets, zooms).

✓ Appels à l'action naturels (poser une question à l'audience).

✓ Incitation à s'abonner via un bonus exclusif (PDF, formation, etc.).

Exemple de script YouTube optimisé :

"Tu veux gagner de l'argent avec l'IA ? Aujourd'hui, je vais te montrer comment automatiser tes vidéos et générer des revenus passifs sur YouTube... reste bien jusqu'à la fin, j'ai une surprise pour toi !"

3.2. Monétiser son contenu sur TikTok, Instagram et Facebook

Fonctionnement des programmes de rémunération des plateformes

TikTok Creator Fund (à partir de 10K abonnés et 100K vues/mois).

Instagram Reels Bonus (sur invitation, selon l'engagement).

Facebook Reels Play (paiement par vues et interactions).

Autres sources de revenus :

•Sponsoring (partenariats avec marques).

•Affiliation (liens trackés sur bio et stories).

•Produits digitaux (formations, ebooks, templates).

Création de vidéos adaptées à chaque réseau social

TikTok & Instagram Reels : Vidéos courtes (15-60 sec), format vertical 9:16, rythme rapide.

Facebook Reels : Contenu plus storytelling, sous-titré, engagement en commentaires.

Outils IA pour créer du contenu engageant :

•CapCut AI : Montage rapide et effets dynamiques.

•Synthesia AI : Création d'avatars IA pour des vidéos éducatives.

•Reels AI Tools : Génération automatique de hashtags et musiques tendances.

Exemple de vidéo optimisée pour TikTok :

Cette IA transforme ta voix en celle d'un acteur célèbre... Voici comment l'utiliser !"

Stratégies pour maximiser l'engagement et la viralité

✓ Hook percutant en 3 secondes.

✓ Tendances et sons viraux (TikTok, Instagram Trends).

✓ Contenu interactif (sondages, défis, questions).

✓ Publication régulière (3-5 vidéos/semaine).

Astuce : Recycler le contenu

•Transformer une vidéo YouTube en plusieurs TikToks/ Reels.

•Utiliser l'IA pour modifier les textes et styles de montage.

3.3. Vendre des vidéos et services IA en freelance

Proposer des vidéos automatisées pour entreprises et influenceurs

✓ Création de vidéos explicatives (SaaS, startups).

✓ Génération de contenu pour influenceurs YouTube/TikTok.

✓ Montages automatisés pour réseaux sociaux.

Outils recommandés :

•Runway ML → Effets et animations AI.

•Synthesia AI → Vidéos explicatives avec avatars IA.

•Pictory AI → Transformation d'articles en vidéos.

Offrir des packs de vidéos IA sur Fiverr et Upwork

Exemples de services à vendre :

✓ Création de vidéos TikTok/Reels clé en main (avec voix IA et montage).

✓ Génération de contenu YouTube automatisé.

✓ Montage publicitaire AI pour e-commerce.

Exemple d'annonce Fiverr :

"Je crée des vidéos YouTube et TikTok avec l'IA, optimisées pour la viralité !"

Prix des services :

•Pack 10 vidéos TikTok AI : 100-300€.

•Vidéo explicative IA : 50-150€.

•Vidéo YouTube full IA : 200-500€.

Créer une agence de production vidéo assistée par IA

Business modèle scalable :

✓ Automatisation avec IA → Réduction des coûts.

✓ Création de packs vidéo pour entreprises.

✓ Offres d'abonnement pour du contenu régulier.

Exemple d'offre d'agence IA :

•Pack Réseaux Sociaux : 30 vidéos courtes / mois = 1 500€.

•YouTube Automatisé : 4 vidéos longues / mois = 2 500€.

Stratégie de croissance :

✓ Prospecter sur LinkedIn et Instagram.

✓ Publier des études de cas et témoignages.

✓ Automatiser la production avec des outils AI.

Résumé du chapitre

✓ YouTube, TikTok, Instagram et Facebook offrent plusieurs moyens de monétiser son contenu avec l'IA.

✓ L'IA permet de produire des vidéos à grande échelle et d'automatiser le processus.

✓ Le freelancing et les agences vidéo IA sont des opportunités lucratives.

Chapitre 4 : Optimiser Son Activité De Créateur Vidéo Ia

4.1. Augmenter la productivité avec l'IA

Planifier et automatiser la création de vidéos

L'IA permet d'automatiser et d'accélérer la production de vidéos, réduisant ainsi le temps nécessaire pour chaque création.

Stratégie de production efficace :

[1] Création d'un calendrier éditorial → Utiliser Notion ou Trello.

[2] Automatisation des tâches répétitives → IA pour le script, voix, montage.

[3] Programmation des vidéos → Planifier les publications avec Metricool ou Hootsuite.

Outils utiles :

•ChatGPT → Générer des idées et scripts.

•Synthesia / ElevenLabs → Voix off automatisée.

•Pictory AI → Transformer du texte en vidéo.

•CapCut / Descript → Montage rapide et sous-titres automatiques.

Recycler du contenu écrit en vidéos avec l'IA

Au lieu de créer du contenu depuis zéro, l'IA permet de transformer des articles, tweets ou newsletters en vidéos automatiquement.

Exemple de workflow :

✓ Transformer un article de blog en script vidéo avec ChatGPT.

✓ Générer une vidéo animée avec Pictory AI.

✓ Publier un extrait sur TikTok/Reels pour maximiser la visibilité.

Astuce : Convertir un podcast ou une interview en plusieurs vidéos courtes pour Instagram et TikTok.

Générer plusieurs vidéos en une seule session de travail

Batch Recording + IA = Gain de temps maximal

Au lieu de créer 1 vidéo par jour, produisez 10 vidéos en une seule session.

Méthode efficace :

1 Écriture rapide de plusieurs scripts avec ChatGPT.

2 Enregistrement voix-off IA en batch avec ElevenLabs.

3 Montage et génération automatique avec Pictory AI ou Runway ML.

4 Programmation des posts avec Buffer ou Hootsuite.

Résultat : 1 journée de travail = 1 mois de contenu programmé.

4.2. Construire une marque et fidéliser son audience

Créer un style unique malgré l'IA

L'IA facilite la production, mais la touche humaine fait la différence.

Comment personnaliser son contenu ?

✔ Choisir une niche spécifique (finance, tech, motivation, business).

✔ Créer une identité visuelle unique (thumbnails, couleurs, typographie).

✔ Développer une voix ou ton distinctif (même avec une voix IA).

✔ Ajouter des éléments personnels (anecdotes, storytelling).

Astuce : Mélanger voix humaine + IA pour une identité forte.

Engager son audience avec des formats interactifs

Stratégies pour augmenter l'engagement :

✓ Poser des questions dans les vidéos.

✓ Faire des sondages et Q&A sur YouTube et Instagram.

✓ Créer des séries à épisodes (ex. : "Les secrets des entrepreneurs millionnaires").

✓ Répondre aux commentaires avec des vidéos courtes.

Exemple d'engagement IA : Générer un résumé vidéo personnalisé pour chaque commentaire populaire.

Exploiter l'analyse de données pour améliorer son contenu

Les outils d'analyse à utiliser :

✓ YouTube Analytics → Voir les taux de clics, durée de visionnage.

✓ VidIQ / TubeBuddy → Optimiser le SEO et les mots-clés.

✓ TikTok / Instagram Insights → Analyser les meilleures heures de publication.

Stratégie IA :

•Utiliser ChatGPT pour analyser les tendances et ajuster les contenus en conséquence.

•Tester différents formats vidéo et voir lesquels performent le mieux.

4.3. _Explorer de nouvelles opportunités dans la vidéo IA_

Lancer une chaîne YouTube automatisée (cash cow)

Le modèle YouTube Cash Cow : Créer des chaînes 100% automatisées, sans apparaître à l'écran.

Étapes pour une chaîne YouTube AI automatisée :

1️⃣ Choisir une niche rentable (finance, motivation, tech, cryptos).

2️⃣ Générer des scripts avec ChatGPT.

3️⃣ Créer une voix-off IA avec ElevenLabs.

4️⃣ Monter la vidéo avec Pictory AI ou InVideo.

5️⃣ Publier et optimiser avec VidIQ et TubeBuddy.

Rentabilité : Une chaîne monétisée peut générer 2 000 - 10 000€ / mois passivement.

Expérimenter avec la réalité augmentée et l'IA générative

L'avenir des vidéos passe par l'IA et la réalité augmentée.

Opportunités à tester :

✔ Utiliser Runway ML pour créer des effets visuels avancés.

✔ Tester la génération d'avatars IA avec Synthesia.

✔ Expérimenter des vidéos interactives en AR pour Instagram/TikTok.

Tendance 2025 : Vidéos immersives et hyper-personnalisées avec l'IA.

Anticiper l'évolution de l'intelligence artificielle dans la vidéo

Ce que réserve l'avenir :

✔ YouTube et TikTok favoriseront encore plus les vidéos IA.

✓ L'IA générative permettra des vidéos ultra-réalistes en 1 clic.

✓ Nouvelles plateformes et outils émergeront (ex : Meta AI Vidéo).

Stratégie gagnante : Être précurseur et adopter les nouvelles tendances IA avant tout le monde.

Résumé du chapitre

✓ Optimiser sa productivité grâce à l'IA pour produire plus de contenu rapidement.

✓ Se différencier en apportant une touche unique et humaine.

✓ Analyser ses performances et ajuster sa stratégie.

✓ Explorer de nouvelles opportunités comme YouTube Cash Cow et la réalité augmentée.

PARTIE 5 : GRAPHISTE IA (SANS COMPÉTENCES EN DESIGN)

Chapitre 1 : Création De Logos Et Visuels Avec L'ia

1.1 Pourquoi le design graphique est essentiel ?

L'importance des visuels pour les marques et les entreprises

Dans un monde où l'attention des consommateurs est de plus en plus sollicitée, un design percutant est indispensable pour capter l'intérêt et renforcer l'identité visuelle d'une marque. Que ce soit pour une entreprise, un entrepreneur ou un créateur de contenu, un bon design :

✔ Renforce la crédibilité et le professionnalisme d'une marque

✔ Améliore la reconnaissance et la mémorabilité auprès du public

✔ Booste l'engagement sur les réseaux sociaux et les supports marketing

Les types de créations les plus demandées

L'intelligence artificielle permet désormais de produire rapidement des visuels de qualité. Voici les types de créations les plus populaires :

Logos : Identité visuelle d'une entreprise ou d'un projet

Bannières : Pour sites web, blogs et pages de réseaux sociaux

Publications réseaux sociaux : Posts Instagram, Facebook, TikTok, LinkedIn, etc.

Affiches et flyers : Supports de communication pour événements ou promotions

Cartes de visite et documents professionnels

Comment l'IA révolutionne le design graphique ?

L'intelligence artificielle a transformé le processus de création graphique en rendant la conception :

Accessible : Plus besoin de compétences en design pour créer des visuels professionnels

Rapide : Génération automatique de logos, illustrations et bannières en quelques minutes

Personnalisable : Possibilité d'ajuster les couleurs, polices et styles avec des suggestions IA

1.2 Générer un logo professionnel avec l'IA

Les meilleurs outils IA pour créer un logo en quelques clics

Plusieurs plateformes permettent de générer des logos de qualité en quelques minutes :

Looka (looka.com) – Création de logos professionnels avec intelligence artificielle

Brandmark (brandmark.io) – Génération automatique avec choix de styles et icônes

Logo AI (logoai.com) – Personnalisation avancée et adaptation à la charte graphique

Étapes pour créer un logo avec l'IA

1 Sélectionner un outil IA – Par exemple, Looka ou Logo AI

2 Saisir le nom de l'entreprise ou du projet

3 Choisir un style (moderne, minimaliste, classique, etc.)

4 Personnaliser les couleurs, polices et icônes

5 Télécharger le logo en haute résolution

Astuce : Pour un logo vraiment unique, combinez une création IA avec un léger ajustement manuel via Canva ou Photoshop.

1.3 Création de visuels pour les réseaux sociaux et le marketing

Utiliser l'IA pour générer automatiquement des images et illustrations

L'IA permet de créer des images ultra-réalistes ou stylisées sans compétences en graphisme. Voici quelques outils puissants :

Canva AI – Génération automatique de designs prêts à l'emploi

Midjourney – Création d'illustrations et d'images artistiques

Runway ML – Retouche et amélioration des visuels via IA

Optimiser ses visuels pour chaque plateforme

Chaque réseau social a ses propres formats d'image. Voici les dimensions idéales :

• Instagram Post : 1080 x 1080 px

Instagram Story / Reels : 1080 x 1920 px

Facebook Cover : 820 x 312 px

LinkedIn Post : 1200 x 627 px

Automatiser la création multi-format : Des outils comme Canva AI permettent d'adapter automatiquement une création à plusieurs formats.

•Adapter un design pour différents supports

•Avec un seul design, l'IA peut générer des déclinaisons adaptées à divers supports (affiches, cartes de visite, flyers). Exemple :

✓ Créer un post Instagram avec Canva AI

✓ Générer automatiquement une version pour une story Instagram

✓ Adapter le visuel pour un flyer imprimable

•Conclusion : L'IA, un atout puissant pour le design graphique

•Grâce à l'intelligence artificielle, la création graphique est plus accessible que jamais. Que vous soyez entrepreneur, freelance ou créateur de contenu, vous pouvez désormais générer des designs percutants en quelques minutes.

• Les logos et visuels sont essentiels pour une marque

Les outils IA permettent de créer du contenu professionnel rapidement

Adapter ses créations à plusieurs supports maximise leur impact

•Prochain chapitre : Automatiser la création de contenu graphique et vendre ses services IA !

Chapitre 2 : Utilisation Des Outils Comme

Midjourney Et Canva Ai

L'intelligence artificielle a révolutionné le design graphique en rendant la création plus rapide, intuitive et accessible à tous. Que vous soyez entrepreneur, graphiste, ou créateur de contenu, ces outils vous permettront de générer des visuels professionnels en quelques clics.

2.1. Midjourney : Créer des images artistiques avec IA

Fonctionnement de Midjourney et génération d'images par prompt

Midjourney est une IA générative qui permet de créer des illustrations et images artistiques à partir de simples descriptions textuelles appelées prompts. Accessible via Discord, il fonctionne en saisissant un texte décrivant l'image souhaitée.

Comment utiliser Midjourney ?

1. Rejoindre le serveur Discord de Midjourney et s'abonner à un plan payant

2. Taper la commande /imagine suivie d'une description détaillée

3. Laisser l'IA générer plusieurs versions de l'image

4. Sélectionner, améliorer ou agrandir l'image finale

Optimisation des prompts pour obtenir des visuels professionnels

Un prompt bien formulé améliore la qualité et la pertinence des images générées.

Exemple de prompt efficace :

Basique : "Un lion dans la jungle"

Optimisé : "Un majestueux lion doré dans une jungle luxuriante, lumière cinématique, ultra détaillé, style réaliste –ar 16:9 –v 5"

Astuces pour des prompts puissants :

Précision : Ajoutez des détails (style, couleurs, ambiance, perspective)

Formatage : Spécifiez un ratio d'image (ex: –ar 16:9 pour un format large)

Version de l'IA : Ajoutez –v 5 pour la dernière mise à jour de Midjourney

Exemples d'applications

Midjourney est idéal pour créer des :

✓ Affiches publicitaires et bannières uniques

✓ Illustrations artistiques pour livres et blogs

✓ Concepts graphiques pour marques et produits

2.2. Canva AI : La création graphique simplifiée

Modèles préconçus et automatisation du design

Canva AI est une solution clé en main pour créer des visuels en quelques minutes. Il propose :

Des milliers de modèles pour affiches, posts sociaux, présentations

Une IA intégrée qui ajuste automatiquement couleurs, polices et alignements

Un éditeur intuitif pour personnaliser chaque élément

Utiliser Canva AI en 3 étapes simples :

1️⃣ Choisir un modèle parmi ceux proposés par Canva

2️⃣ Personnaliser avec son texte, ses images et ses couleurs

3️⃣ Exporter en haute définition pour impression ou publication

Ajout de texte, animations et effets IA

Canva propose plusieurs fonctionnalités boostées par l'IA :

Effets de texte dynamiques (ombre, contour, animation)

Suppression d'arrière-plan automatique

Génération d'images IA directement dans l'interface

Utilisation idéale pour :

✓ Posts Instagram, Facebook et LinkedIn

✓ Présentations et documents professionnels

✓ Stories et vidéos animées

Collaboration et modifications instantanées pour les clients

Canva facilite le travail en équipe grâce à :

Partage de fichiers en ligne avec commentaires en temps réel

Modification rapide sans logiciel complexe

Export multi-format (PNG, PDF, MP4, etc.)

2.3. Autres outils IA pour le graphisme

Adobe Firefly : génération et retouche d'images IA

Adobe Firefly permet de générer et modifier des images via IA dans Photoshop et Illustrator.

Atouts principaux :

✓ Génération d'images à partir de texte

✓ Remplacement d'éléments et remplissage intelligent

✓ Intégration parfaite avec la suite Adobe

Runway ML : création de vidéos et animations IA

Runway ML est une plateforme spécialisée en édition et génération de vidéos IA.

Utilisation recommandée pour :

✓ Animations et effets spéciaux IA

✓ Remplacement de fonds (comme un studio virtuel)

✓ Génération de vidéos stylisées à partir d'images

Fotor et Deep Dream Generator : transformation d'images et filtres avancés

Ces outils permettent d'appliquer des effets IA artistiques et d'améliorer les images.

Fotor : Amélioration d'image et retouches automatisées

Deep Dream Generator : Effets surréalistes et transformations artistiques

Conclusion : Maîtriser les outils IA pour un design performant

Grâce aux avancées de l'IA, la création graphique n'a jamais été aussi accessible et rapide.

Midjourney est idéal pour des illustrations artistiques ultra détaillées

Canva AI simplifie la création graphique pour le marketing et les réseaux sociaux

D'autres outils comme Adobe Firefly et Runway ML permettent d'aller encore plus loin

Et si vous automatisiez vos créations graphiques pour gagner du temps et monétiser vos compétences ?

Prochain chapitre : Automatiser la création de contenu graphique et vendre ses services IA !

Chapitre 3 : Freelance Ou Vente De Créations Numériques

L'IA a démocratisé le design graphique, permettant à chacun de créer des visuels professionnels en un temps record. Cette révolution ouvre des opportunités lucratives pour les freelances et les entrepreneurs qui souhaitent vendre leurs créations numériques. Que ce soit en proposant des services de design IA, en vendant des packs graphiques ou en automatisant les prestations, les opportunités sont nombreuses.

3.1. Devenir graphiste IA freelance

Où vendre ses services ?

Le freelancing est l'une des meilleures façons de monétiser ses compétences en design IA. De nombreuses plateformes permettent de proposer ses services :

Fiverr : Idéal pour proposer des créations graphiques à bas prix et monter en gamme progressivement

Upwork : Plateforme pour freelances expérimentés, avec des missions mieux rémunérées

99designs : Spécialisé dans le design (logos, branding, webdesign)

Toptal : Pour les designers de haut niveau cherchant des clients premium

Conseil : Au début, il peut être judicieux de proposer des offres à prix attractifs pour obtenir des avis positifs et bâtir sa crédibilité sur la plateforme.

Comment se démarquer malgré l'utilisation d'outils IA ?

Avec la montée en puissance des outils IA, il est crucial de proposer une réelle valeur ajoutée pour éviter d'être perçu comme un simple utilisateur d'outils automatiques.

Mettez en avant votre expertise : Expliquez comment vous adaptez et personnalisez les créations IA

Ajoutez une touche humaine : Travaillez les détails et ajustez les designs selon les besoins du client

Créez un portfolio attractif : Montrez des avant/après et des études de cas

Fixer ses prix et attirer ses premiers clients

Le prix de vos services dépend de votre expérience, de la complexité du projet et de la demande du marché. Voici une fourchette indicative :

• Logo IA basique : 15-50€

• Pack de visuels réseaux sociaux : 30-100€

• Web design IA + retouches : 200-1000€

Astuce : Proposez des offres groupées pour inciter les clients à commander plusieurs créations en même temps.

3.2. Vendre des packs de créations graphiques

Création et vente de templates Canva sur Etsy et Creative

Market

Plutôt que de travailler à la demande, une excellente stratégie est de vendre des produits graphiques prêts à l'emploi sous forme de packs téléchargeables.

Où vendre ses créations ?

Etsy : Idéal pour les créateurs vendant des templates et des packs graphiques

Creative Market : Plateforme premium pour vendre des assets graphiques et templates

Gumroad : Permet de vendre directement à son audience sans commission élevée

Exemples de produits populaires :

✔ Templates Canva pour posts Instagram, stories, bannières YouTube

✔ Kits de branding avec logos, palettes de couleurs et typographies

✔ Packs d'icônes et illustrations

Conception de packs d'icônes, bannières et éléments graphiques

Les packs graphiques sont très demandés car ils font gagner du temps aux entrepreneurs et créateurs de contenu.

Exemples de packs à vendre :

Pack d'icônes pour les réseaux sociaux (Instagram, TikTok, Facebook)

Illustrations vectorielles personnalisées pour le web et le print

Templates de cartes de visite et flyers

Automatiser la production et maximiser les ventes passives

Stratégies pour gagner du temps et augmenter les revenus :

Utiliser l'IA pour générer rapidement des variations de designs

Créer plusieurs déclinaisons d'un même pack (différentes couleurs, styles)

Optimiser les fiches produits avec des descriptions détaillées et des mots-clés SEO

3.3. Proposer des services automatisés avec IA

Offrir des prestations express en design IA

Grâce aux outils comme Canva AI, Midjourney et Adobe Firefly, il est possible de proposer des services ultra-rapides :

Exemple de prestations express :

Création de logo en 24h avec plusieurs variantes

Conception rapide de posts Instagram ou LinkedIn

Retouche et amélioration d'images par IA

Marge recommandée :

•Création rapide = Prix bas (15-50€)

•Personnalisation approfondie = Prix premium (100€ et +)

Utiliser l'IA pour livrer des visuels en quelques minutes

Exploitez des outils comme :

Looka et Brandmark pour créer des logos en un clic

Runway ML pour générer des animations à partir d'images

Canva AI pour produire des designs optimisés automatiquement

Création de kits graphiques pour entreprises et influenceurs

Les entreprises et créateurs de contenu ont besoin de cohérence visuelle. Proposez des kits prêts à l'emploi incluant :

Logos et variantes

Visuels pour Instagram, YouTube et LinkedIn

Templates de stories et publications engageantes

Exemple d'offre premium :

Un kit complet « Branding Réseaux Sociaux » à 300-500€

Conclusion : Construire une activité rentable avec l'IA

L'intelligence artificielle permet de créer un business scalable et lucratif dans le domaine du design graphique.

✓ Freelance : Vendre des prestations sur Fiverr, Upwork, 99designs

✓ Produits numériques : Créer et vendre des templates et packs graphiques

✓ Services automatisés : Proposer des créations rapides et optimisées avec IA

Votre objectif ? Trouver le modèle qui correspond le mieux à votre expertise et votre vision.

Prochain chapitre : Automatiser un business vidéo IA rentable et générer des revenus passifs !

Chapitre 4 : Optimiser Son Activité De Graphiste Ia

Une fois votre activité de graphiste IA lancée, l'étape suivante est l'optimisation. Cela implique d'accélérer la production, d'améliorer votre image de marque et d'anticiper les tendances du marché. Dans ce chapitre, nous allons explorer comment maximiser son efficacité, fidéliser sa clientèle et rester en avance sur les évolutions du design IA.

4.1. Automatiser et accélérer la production graphique

Générer des visuels en série avec l'IA

L'un des principaux atouts de l'IA est sa capacité à produire des images en grande quantité tout en conservant une qualité élevée. Pour maximiser votre productivité :

Utilisez des outils IA spécialisés (Midjourney, DALL·E, Stable Diffusion)

Créez plusieurs variantes d'un design en une seule commande

Exploitez les fonctionnalités de génération en lot (Batch Processing)

Exemple de workflow productif :

1.Définition des besoins → Identifiez les types de visuels à produire

2.Génération par IA → Utilisez des outils comme Midjourney pour créer plusieurs options

3.Affinage et post-traitement → Améliorez les images

avec Photoshop ou Canva

4.Organisation des fichiers → Stockez et classez vos créations pour une réutilisation rapide

Utiliser des scripts et prompts optimisés pour Midjourney

L'efficacité de Midjourney repose en grande partie sur la qualité des prompts utilisés. Pour améliorer vos résultats :

Techniques d'optimisation des prompts :

✔ Soyez descriptif et précis (ex : "Logo minimaliste noir et or, style luxueux, fond transparent")

✔ Utilisez des références artistiques (ex : "Dans le style de l'art déco")

✔ Ajoutez des paramètres Midjourney (--ar 16:9 pour un format paysage, --v 5 pour la dernière version)

Automatisation avancée :

·Utilisez des macros et scripts pour générer des prompts automatiquement

·Intégrez ChatGPT ou d'autres IA textuelles pour affiner vos descriptions

·Exploitez des workflows No-Code (ex : Zapier) pour automatiser la production

Créer une bibliothèque de templates réutilisables

Une astuce clé pour gagner du temps est de préparer une collection de modèles graphiques réutilisables.

Types de templates à créer :

Posts Instagram et Facebook

Bannières YouTube et LinkedIn

Flyers, affiches et cartes de visite

En stockant ces éléments dans Canva, Photoshop ou Figma, vous pourrez rapidement les adapter aux besoins de vos clients.

4.2. Développer une marque personnelle et fidéliser ses clients

Construire un portfolio attractif en ligne

Un bon portfolio est essentiel pour attirer et convaincre des clients. Pour le rendre impactant :

✓ Utilisez un site dédié (Adobe Portfolio, Behance, Dribbble)

✓ Présentez des projets variés (branding, illustration, design web)

✓ Ajoutez des études de cas pour montrer votre processus de création

Astuce : Ajoutez un avant/après pour montrer l'impact de vos améliorations graphiques.

Offrir des designs uniques malgré l'utilisation de l'IA

Même si l'IA facilite le travail, il est crucial de personnaliser chaque création pour éviter un rendu générique.

Ajoutez votre propre style : Retouchez les images IA avec Photoshop ou Illustrator

Jouez sur les textures et couleurs pour apporter une signature visuelle

Incorporez des éléments faits main pour donner une touche authentique

Exemple : Un graphiste IA peut se spécialiser dans un

style précis (ex : "Vintage moderne", "Minimalisme futuriste") pour se différencier.

Stratégies pour fidéliser les clients et obtenir des recommandations

Gagner un client, c'est bien. Le fidéliser, c'est encore mieux !

Techniques pour entretenir la relation client :

✓ Offrez un service exceptionnel (réactivité, communication claire)

✓ Créez des offres exclusives pour vos clients réguliers

✓ Proposez des abonnements mensuels pour assurer un revenu récurrent

Exemple : Un abonnement à 99€/mois incluant 5 visuels personnalisés pour un client.

4.3. Explorer les tendances et évolutions du design IA

Intégration de l'IA dans le motion design et la 3D

L'IA ne se limite plus aux images statiques. Elle s'infiltre également dans l'animation et la 3D :

Runway ML : Génération automatique de vidéos et animations IA

Kaiber AI : Création de vidéos artistiques avec IA

Nvidia Canvas : Peinture assistée par IA pour la 3D

Opportunité à saisir : Proposer des animations IA personnalisées aux marques et influenceurs.

L'essor du Web3 et des NFT pour les créateurs IA

Le Web3 ouvre de nouvelles perspectives pour les graphistes IA :

Créer et vendre des NFT artistiques sur OpenSea et Rarible

Collaborer avec des projets de métavers (décors, avatars, assets 3D)

Explorer les smart contracts pour protéger ses créations

Exemple : Un graphiste IA peut vendre une collection NFT générée avec Midjourney et toucher des royalties sur chaque revente.

Comment anticiper et s'adapter aux évolutions du marché ?

Le monde du design évolue rapidement, et se former en continu est essentiel.

Restez à jour sur les nouveaux outils IA (Firefly, Stable Diffusion XL, DALL·E 3)

Expérimentez avec les nouvelles fonctionnalités (text-to-video, générateurs 3D)

Rejoignez des communautés (Discord Midjourney, forums de designers IA)

Stratégie gagnante : Testez de nouveaux outils avant la concurrence pour rester innovant.

Conclusion : Devenir un graphiste IA performant et avant-gardiste

Optimiser son activité de graphiste IA, c'est :

✓ Automatiser et accélérer la production grâce aux prompts et templates

✓ Développer sa marque personnelle pour fidéliser ses clients

✓ Anticiper les tendances pour garder une longueur d'avance

Prochain chapitre : Créer un business vidéo IA et monétiser son contenu !

PARTIE 6 : AUTO-ENTREPRENEUR EN DROPSHIPPING IA

Chapitre 1 : Trouver Des Produits Gagnants Avec L'ia

L'une des clés du succès en e-commerce et en dropshipping est la capacité à identifier des produits gagnants, c'est-à-dire des articles qui se vendent bien, avec peu de concurrence et une bonne marge de profit. Grâce à l'intelligence artificielle, ce processus est aujourd'hui plus rapide et plus précis que jamais.

Dans ce chapitre, nous allons voir comment utiliser l'IA pour identifier et valider des produits rentables avant de les vendre.

1.1. Comprendre le dropshipping et son potentiel avec l'IA

Le principe du dropshipping : vendre sans stock

Le dropshipping est un modèle économique où vous vendez un produit sans gérer de stock. Lorsqu'un client achète sur votre site, vous commandez l'article auprès d'un fournisseur (AliExpress, CJ Dropshipping, Zendrop, etc.), qui se charge directement de l'expédition.

Avantages du dropshipping :

✓ Faible investissement initial (pas besoin d'acheter de stock à l'avance)

✓ Flexibilité totale (vous pouvez tester plusieurs produits

rapidement)

✓ Évolutivité facile (possibilité d'automatiser le business avec l'IA)

Exemple concret :

Emma lance une boutique en dropshipping spécialisée dans les accessoires pour animaux. Grâce aux outils IA, elle trouve un jouet interactif tendance et l'ajoute à son catalogue. En quelques semaines, elle réalise ses premières ventes grâce aux campagnes IA automatisées.

Pourquoi l'IA simplifie la recherche et la gestion de produits ?

L'IA révolutionne le dropshipping en rendant plus efficace la recherche et la gestion des produits.

Analyse de données massives → Détecte les tendances en temps réel

Optimisation des descriptions → Rédige automatiquement des fiches produits attractives

Automatisation marketing → Gère les publicités Facebook et Google Ads

Outils IA qui facilitent la gestion d'une boutique :

•AutoDS : Gestion automatisée des commandes et des prix

•AdCreative.ai : Création automatique de visuels et d'annonces publicitaires

•ChatGPT : Génération de descriptions de produits optimisées

Les tendances du marché et les niches rentables en 2025

Grâce aux analyses IA, voici les niches les plus prometteuses pour l'année 2025 :

Technologie et gadgets intelligents (accessoires pour smartphones, montres connectées)

Produits pour animaux de compagnie (jouets interactifs, distributeurs automatiques de croquettes)

Éco-responsable et zéro déchet (bouteilles réutilisables, accessoires durables)

Fitness et bien-être (équipements sportifs, massage et relaxation)

Produits personnalisés (bijoux gravés, coques de téléphone sur mesure)

Astuce : Utilisez Google Trends pour analyser la demande d'un produit avant de l'ajouter à votre boutique.

1.2. Utilisation d'outils IA pour identifier les produits gagnants

Sell The Trend et Niche Scraper : analyse de tendances

Ces plateformes utilisent l'IA pour scanner des milliers de boutiques et Marketplace afin d'identifier les produits qui montent en popularité.

Comment les utiliser ?

1.Filtrer par niche → Recherchez des produits avec une croissance rapide

2.Analyser les ventes récentes → Vérifiez les commandes en temps réel

3.Examiner la concurrence → Choisissez des produits avec un bon ratio demande/concurrence

Exemple : Sur Sell The Trend, un entrepreneur découvre qu'un masseur pour le cou se vend très bien aux États-Unis. Il décide de l'ajouter à sa boutique et lance une campagne publicitaire ciblée.

Minea et Dropship Spy : espionner les meilleures ventes des concurrents

Ces outils permettent de suivre les meilleures publicités Facebook, TikTok et Instagram en analysant :

Les produits les plus promus

Le nombre d'interactions (likes, partages, commentaires)

Les créateurs de contenu qui les vendent

Utilisation concrète :

1.Recherchez les publicités qui fonctionnent

2.Trouvez le fournisseur du produit sur AliExpress

3.Améliorez l'offre (ajout d'un bonus, design différent, meilleure description)

Exemple : Un entrepreneur remarque sur Minea qu'une brosse nettoyante pour le visage cartonne sur TikTok. Il décide de vendre une version améliorée avec une fonction chauffante pour se démarquer.

Utiliser ChatGPT pour générer des idées de produits prometteurs

Vous manquez d'idées de produits ? Demandez à ChatGPT !

Exemples de prompts utiles :

"Donne-moi 10 idées de produits innovants pour le fitness en 2025"

"Quels sont les produits tendance pour les propriétaires de chats ?"

"Quels accessoires high-tech ont un fort potentiel de vente cette année ?"

Astuce : Combinez ChatGPT avec Google Trends et Sell The Trend pour valider les meilleures idées.

1.3. Validation d'un produit avant de le vendre

Vérifier la demande avec Google Trends et Facebook Ads Library

Avant de vendre un produit, assurez-vous qu'il a une demande réelle.

Google Trends : Vérifiez si l'intérêt pour le produit est en hausse

Facebook Ads Library : Recherchez des publicités similaires pour voir si elles fonctionnent

Amazon et AliExpress : Analysez les avis et le volume de commandes

Exemple : Vous voulez vendre une lampe LED pour la méditation ? Si Google Trends montre une augmentation des recherches et que plusieurs publicités Facebook sont actives, c'est un bon signe.

Évaluer la concurrence et la marge de profit

Vendre un produit rentable, c'est aussi s'assurer que la marge est intéressante.

Critères d'un bon produit gagnant :

✓ Prix d'achat sur AliExpress : 5 à 15 €

✓ Prix de vente conseillé : 25 à 50 €

✓ Faible concurrence et produit différenciable

Astuce : Utilisez l'IA pour ajouter une valeur unique à un produit existant (packaging premium, accessoires bonus).

Tester un produit avec des campagnes publicitaires IA

Avant de vous engager à fond sur un produit, testez-le avec des publicités IA automatisées.

Meta Ads + AdCreative.ai : Créez des annonces attractives avec IA

TikTok Ads + Pipiads : Analysez les publicités qui fonctionnent sur TikTok

Google Ads + Performance Max : Laissez l'IA optimiser vos annonces en temps réel

Exemple : Un vendeur teste un mini vidéoprojecteur portable en lançant une publicité Facebook à 100 €. Il surveille les résultats et ajuste sa stratégie selon les performances.

Conclusion : Trouver le bon produit avec l'IA, un atout clé en dropshipping

✓ L'IA simplifie la recherche et la gestion des produits

✓ Les outils d'analyse permettent d'identifier les meilleures tendances

✓ Tester un produit avant de l'exploiter à grande échelle garantit la rentabilité

Prochain chapitre : Construire une boutique e-commerce optimisée avec l'IA !

Chapitre 2 : Création De Boutiques Automatisées

Une boutique en ligne performante doit être professionnelle, optimisée et automatisée pour maximiser les ventes et minimiser les tâches chronophages. Grâce à l'intelligence artificielle, il est possible de créer une boutique e-commerce rentable sans compétences techniques et d'automatiser des processus comme la gestion des commandes, la création de contenu et le support client.

Dans ce chapitre, nous allons voir comment construire et gérer une boutique e-commerce automatisée avec l'IA.

2.1. Construire une boutique sans compétences techniques

Shopify et WooCommerce : les plateformes les plus populaires

Les deux solutions les plus utilisées pour créer une boutique e-commerce sont :

Shopify → Plateforme clé en main, idéale pour les débutants

WooCommerce → Extension WordPress, parfaite pour plus de personnalisation

Comparaison rapide :

Plateforme	Avantages	Inconvénients
Shopify	Facile à utiliser, hébergement inclus, nombreux thèmes	Abonnement mensuel, frais sur les transactions
WooCommerce	100% personnalisable, coûts réduits, SEO optimisé	Nécessite un hébergement et un peu plus de configuration

Astuce : Si vous voulez une solution rapide, Shopify est recommandé. Si vous souhaitez plus de contrôle et économiser sur le long terme, WooCommerce est une excellente option.

Outils IA pour générer des descriptions et images produits

Créer des fiches produit attractives est essentiel, mais cela peut être long et fastidieux. Heureusement, l'IA permet d'automatiser ce processus.

ChatGPT → Génère des descriptions de produits optimisées pour la conversion

Canva AI & Midjourney → Crée des visuels professionnels et des mockups de produits

Remove.bg → Supprime automatiquement l'arrière-plan des images

Exemple : Vous vendez une montre connectée ? Utilisez ChatGPT pour rédiger une description engageante et Midjourney pour créer des images publicitaires percutantes.

Automatiser les tâches avec des plugins comme DSers et Oberlo

Une fois votre boutique en place, il faut gérer automatiquement l'importation et l'expédition des produits.

Plugins indispensables :

 DSers (Shopify) : Connecte votre boutique à AliExpress pour un traitement automatique des commandes

Oberlo (Shopify) : Automatisme des commandes et mise à jour des stocks

AliDropship (WooCommerce) : Automatisation complète du dropshipping avec AliExpress

Exemple : Vous vendez un bracelet de fitness ? Dès qu'un client commande, DSers passe automatiquement la commande au fournisseur AliExpress, qui envoie le produit sans intervention manuelle.

2.2. Génération automatique de contenus pour la boutique

Rédiger des descriptions de produits attractives avec ChatGPT

Les descriptions de produits doivent être persuasives, informatives et optimisées pour le référencement (SEO).

Prompt efficace pour ChatGPT :

"Rédige une description de produit engageante pour une brosse nettoyante visage, en mettant en avant ses avantages, ses caractéristiques et un appel à l'action."

Exemple de description générée par l'IA :

Obtenez une peau éclatante avec notre brosse nettoyante visage ! Grâce à ses vibrations soniques et ses poils ultra-doux, elle élimine les impuretés et améliore l'absorption de vos soins. Facile à utiliser et résistante à l'eau, elle devient votre alliée beauté au quotidien !

Générer des images professionnelles avec Midjourney ou Canva AI

Créer des visuels de produits attractifs est essentiel pour donner une image professionnelle à votre boutique.

Midjourney → Génère des visuels réalistes et de haute qualité

Canva AI → Permet de concevoir rapidement des bannières et des visuels marketing

Mockup AI → Crée des mises en situation réalistes (exemple : une tasse personnalisée sur une table)

Exemple : Vous vendez une affiche murale minimaliste ?

Utilisez Midjourney pour générer des mockups élégants dans un salon moderne.

Création d'une FAQ et d'un support client IA

Une bonne FAQ réduit le nombre de demandes client et améliore l'expérience utilisateur.

ChatGPT & Notion AI → Rédigez automatiquement une FAQ complète

Tidio AI & ChatBot.com → Installez un chatbot IA pour répondre aux questions fréquentes

Zendesk AI → Automatise le support client

Astuce : Ajoutez une section FAQ sous chaque fiche produit pour anticiper les questions des clients et améliorer les conversions.

2.3. Automatiser la gestion des commandes et du service client

Configuration d'un chatbot IA pour répondre aux clients

L'IA peut gérer 90% des questions fréquentes sans intervention humaine.

Tidio AI → Répond aux questions en temps réel (livraison, remboursements, détails produit)

ManyChat → Gère les conversations sur Facebook Messenger et Instagram

LiveChat AI → Apporte une assistance instantanée avec des réponses automatisées

Exemple : Un client demande "En combien de temps vais-je recevoir ma commande ?" → Le chatbot IA répond instantanément en fonction de la destination et du mode d'expédition.

Automatisation des envois avec des fournisseurs comme CJ Dropshipping

L'expédition rapide est un facteur clé de succès en e-commerce.

CJ Dropshipping → Propose des délais de livraison plus courts qu'AliExpress

Zendrop → Sélectionne des fournisseurs fiables avec des délais optimisés

AutoDS → Automatise la gestion des commandes et les mises à jour de stock

Astuce : Offrir une livraison rapide en 5 à 7 jours avec CJ Dropshipping améliore la satisfaction client et réduit les demandes de remboursement.

Optimisation du suivi client avec des emails IA personnalisés

Envoyer des emails automatiques permet d'augmenter le taux de conversion et fidéliser les clients.

Klaviyo AI & Omnisend → Création d'emails marketing automatisés

ChatGPT + Mailchimp → Rédaction d'emails engageants et personnalisés

AfterShip → Suivi des commandes et notifications automatiques

Exemple :

Email d'abandon de panier généré par IA :

"Nous avons remarqué que vous avez laissé un article dans votre panier ! Bonne nouvelle : nous vous offrons -10% si vous finalisez votre achat dans les prochaines 24h. Cliquez ici pour en profiter !"

Conclusion : Construire une boutique e-commerce automatisée avec l'IA

✓ Shopify et WooCommerce permettent de créer une boutique sans compétences techniques

✓ L'IA génère automatiquement des descriptions, images et contenus marketing

✓ L'automatisation des commandes et du support client permet de gagner du temp

Chapitre 3 : Marketing Ia Pour Attirer Des Clients

Créer une boutique en ligne automatisée, c'est bien. Mais sans clients, elle ne peut pas générer de revenus. Heureusement, l'intelligence artificielle révolutionne le marketing digital, permettant de lancer des campagnes publicitaires efficaces, de générer du contenu engageant et d'optimiser l'email marketing sans effort.

3.1. Publicité automatisée avec l'IA

Création de campagnes Facebook Ads avec AdCreative.ai

La publicité payante (Facebook Ads, Instagram Ads, Google Ads) est un levier puissant pour générer des ventes rapidement. Mais créer des publicités efficaces demande du temps et des compétences.

Solution IA : AdCreative.ai génère automatiquement des visuels publicitaires hautement optimisés en fonction de votre audience et de votre niche.

Avantages :

Création rapide de visuels attractifs et performants

Analyse et suggestions d'amélioration basées sur l'IA

Optimisation des couleurs, textes et call-to-action (CTA)

Exemple : Vous vendez des montres de luxe ? AdCreative.ai peut générer plusieurs variantes de publicités avec des textes et visuels adaptés en quelques secondes.

Génération de textes publicitaires optimisés avec Jasper AI

Les mots utilisés dans une publicité sont déterminants pour capter l'attention et inciter à l'achat.

Solution IA : Jasper AI rédige automatiquement des textes persuasifs et optimisés pour Facebook Ads, Google Ads et Instagram.

Prompt efficace :

"Génère un texte publicitaire accrocheur pour une montre connectée, en mettant en avant ses fonctionnalités et une offre spéciale."

Exemple de texte IA :

"Nouvelle Montre Connectée

Surveillez votre santé et boostez votre productivité avec style ! -20% aujourd'hui seulement ! Commandez maintenant [Lien]"

Tester différentes versions de publicités en quelques clics

Le succès d'une campagne publicitaire repose sur les tests A/B. L'IA permet de générer plusieurs variantes en quelques secondes.

Outils recommandés :

AdCreative.ai → Génère plusieurs visuels et textes publicitaires

Jasper AI → Crée différentes variantes de textes pour tester leur efficacité

Smartly.io → Automatise l'optimisation des annonces sur Facebook et Instagram

Astuce : Testez au moins 3 versions d'une publicité pour voir laquelle convertit le mieux.

3.2. Génération de contenu pour les réseaux sociaux et blogs

Utiliser l'IA pour créer des posts et vidéos virales

Les réseaux sociaux sont essentiels pour attirer des clients et renforcer votre marque.

Outils IA pour créer du contenu viral :

ChatGPT → Génère des idées et rédige des posts engageants

Synthesia.io → Crée des vidéos automatisées avec avatars IA

Canva AI → Conçoit des visuels optimisés pour Instagram et TikTok

Exemple de post généré par IA :

5 astuces pour booster votre productivité avec une montre connectée ! ⏱ Découvrez comment elle peut transformer votre quotidien ! #Tech #Productivité [Lien]"

Programmer automatiquement ses publications sur Instagram et TikTok

Gagner du temps en automatisant la publication de vos posts est crucial pour la cohérence de votre stratégie.

Outils IA pour automatiser les publications :

Buffer & Hootsuite → Planifie et publie vos posts automatiquement

Ocoya AI → Génère et programme du contenu optimisé pour les réseaux sociaux

Predis.ai → Crée des publications engageantes et analyse leur performance

Astuce : Programmez un mois de contenu en avance pour être régulier sans effort.

Rédiger des articles optimisés SEO pour attirer du trafic organique

Le SEO est un levier puissant pour obtenir du trafic gratuit sur votre boutique.

Outils IA pour le SEO :

Surfer SEO → Génère des recommandations pour optimiser le référencement

ChatGPT & Jasper AI → Rédige automatiquement des articles de blog optimisés

NeuronWriter → Analyse les mots-clés les plus performants

Exemple d'article généré par IA :

"Les 10 meilleures montres connectées de 2025 : Comparatif et Guide d'achat" - Un article optimisé SEO qui attire les acheteurs potentiels via Google.

3.3. Email marketing et conversion boostée

par l'IA

Rédaction automatique de séquences emails engageantes

L'email marketing reste l'un des canaux les plus rentables en e-commerce.

Outils IA pour automatiser l'emailing :

Klaviyo AI → Segmentation intelligente et emails personnalisés

ChatGPT + Mailchimp → Création automatique de séquences emails

Omnisend → Automatisation des relances et des promotions

Exemple d'email généré par IA :

Objet : " 10% de réduction pour votre première commande !"

Contenu :

"Bienvenue dans notre boutique ! Pour vous remercier, voici un code promo de 10% valable 24h. Profitez-en maintenant ! [Lien]"

Personnalisation et segmentation des clients avec l'IA

Une bonne segmentation améliore les conversions et réduit les désinscriptions.

Stratégies IA pour la segmentation :

Klaviyo & HubSpot AI → Identifie les clients potentiels et leur propose des offres adaptées

Segment AI → Classe les clients en fonction de leurs achats et préférences

Persado AI → Génère des messages émotionnellement engageants adaptés à chaque audience

Astuce : Envoyez des emails différents aux nouveaux clients et aux clients fidèles pour maximiser l'impact.

Automatiser les relances et les offres promotionnelles

Ne perdez plus de clients à cause des abandons de panier ou d'un manque de suivi.

Solutions IA :

CartStack & Klaviyo → Relances automatiques des paniers abandonnés

Rebuy AI → Propose des recommandations de produits personnalisées

AfterShip → Envoie automatiquement des mises à jour de suivi de commande

Exemple d'email IA pour panier abandonné :

Objet : "Votre panier vous attend encore "

Contenu :

"Vous avez laissé un article dans votre panier... et il pourrait disparaître bientôt ! Profitez de -10% si vous le récupérez maintenant. ⬜ [Lien]"

Conclusion : Comment l'IA booste le marketing digital ?

✓ Automatiser la publicité avec l'IA permet de tester plusieurs variantes et d'optimiser les performances.

✓ Créer du contenu IA pour les réseaux sociaux et les blogs génère du trafic organique.

✓ L'email marketing intelligent améliore le taux de

conversion et la fidélisation client.

Prochain chapitre : L'optimisation de la conversion avec l'IA pour maximiser les ventes !

Chapitre 4 : Optimiser Et Scaler Son Business Avec L'ia

Une fois votre boutique en ligne lancée et votre marketing automatisé, l'étape suivante est d'optimiser et de faire évoluer votre business. Grâce à l'intelligence artificielle, vous pouvez analyser vos performances, vous étendre à l'international et transformer votre dropshipping en véritable marque e-commerce.

Dans ce chapitre, nous allons explorer comment l'IA peut vous aider à scaler votre entreprise de manière intelligente et efficace.

4.1. Tester et améliorer ses performances en continu

Analyse des données et optimisation avec Google Analytics IA

Comprendre le comportement des visiteurs est crucial pour optimiser votre boutique et augmenter les conversions.

Solution IA : Google Analytics 4 (GA4) intègre l'apprentissage automatique pour identifier automatiquement les tendances et opportunités d'amélioration.

Analyse du taux de conversion et identification des blocages

Segmentation automatique des visiteurs (nouveaux vs

récurrents)

Prédictions IA pour anticiper les ventes futures

Exemple : Si GA4 détecte que 80% de vos visiteurs abandonnent leur panier sur mobile, l'IA peut recommander d'optimiser l'expérience utilisateur mobile.

Utilisation d'outils comme Hotjar pour comprendre le comportement des visiteurs

Hotjar et Crazy Egg permettent de visualiser le parcours de vos visiteurs grâce à des cartes de chaleur et des enregistrements de sessions.

Cartes de chaleur : Identifiez où les visiteurs cliquent le plus

Enregistrements de sessions : Comprenez pourquoi certains quittent votre site

Sondages IA : Demandez directement aux utilisateurs ce qu'ils aimeraient améliorer

Astuce : Si Hotjar montre que les visiteurs scrollent sans cliquer, ajoutez un bouton d'achat visible dès le début de la page.

Améliorer les taux de conversion avec des recommandations IA

Outils IA pour booster les conversions :

Optimizely AI → Teste automatiquement différentes versions de votre site

Google Optimize → A/B testing basé sur le comportement des utilisateurs

Personyze → Personnalisation du site selon chaque visiteur

Exemple : Si l'IA détecte qu'un client consulte plusieurs fois un produit sans acheter, elle peut proposer une réduction exclusive en temps réel pour le pousser à l'achat.

4.2. Automatiser l'expansion vers de nouveaux marchés

Traduction automatique de la boutique avec DeepL ou Weglot

Vendre à l'international est un excellent moyen de multiplier ses ventes.

Outils IA pour la traduction :

Weglot → Traduit et adapte automatiquement votre boutique en plusieurs langues

DeepL → Traduction avancée avec adaptation contextuelle

Shopify Translate & Adapt → Gère la traduction et la personnalisation de contenu

Exemple : Avec Weglot, votre site peut être entièrement traduit en 10 minutes, et les traductions s'adaptent automatiquement aux mises à jour.

Identifier les meilleures niches à l'international avec ChatGPT

Demandez à ChatGPT :

"Quelles sont les tendances e-commerce les plus populaires en Allemagne, aux États-Unis et au Japon ?"

Analyse des marchés émergents et des niches rentables

Identification des produits en forte demande par pays

Suggestions de stratégies de positionnement adaptées aux cultures locales

Astuce : Assurez-vous que votre produit est adapté à la culture locale (ex. : les couleurs ont des significations différentes selon les pays !).

Trouver des fournisseurs locaux pour une livraison plus rapide

Plateformes IA pour trouver des fournisseurs locaux :

 AliExpress & CJ Dropshipping AI → Recherche automatique de fournisseurs proches de votre marché cible

 Zendrop → Connecte aux meilleurs fournisseurs avec expédition rapide

Faire.com → Plateforme B2B pour trouver des producteurs locaux

Exemple : Si vous vendez en Europe, trouvez un fournisseur local pour éviter les délais de livraison de 3 semaines depuis la Chine.

4.3. Transformer son dropshipping en marque e-commerce

Passer du dropshipping classique à un modèle de marque privée

Avantages du Private Label (marque privée) :

Marges plus élevées (plus besoin de partager avec un intermédiaire)

Contrôle total sur le packaging et la qualité

Différenciation face à la concurrence

Stratégie :

1.Identifiez vos produits les plus vendus

2.Trouvez un fabricant qui accepte d'apposer votre logo

3.Optimisez votre branding et le packaging

Plateformes pour trouver des fournisseurs :

 Alibaba & Sourcify → Production personnalisée à grande échelle

 Printful & T-Pop → Impression à la demande avec branding personnalisé

Construire une audience fidèle via une newsletter IA

L'email marketing reste un des meilleurs leviers pour fidéliser et vendre plus.

Outils IA pour créer des emails engageants :

 Klaviyo AI & Mailchimp AI → Rédige et personnalise automatiquement vos emails

 Omnisend AI → Analyse les comportements et envoie des offres adaptées

ChatGPT → Génère des newsletters optimisées pour l'engagement

Exemple :

Objet : " Notre BEST-SELLER revient en stock... et vous avez une réduction exclusive !"

Lancer une gamme de produits personnalisés grâce à l'impression à la demande

L'IA permet de proposer des produits personnalisés sans

stock.

Outils Print-on-Demand IA :

Printful AI → Génère des designs automatiquement

Gelato & SPOD → Impression locale pour livraison rapide

TeeSpring AI → Création de vêtements et accessoires personnalisés

Exemple : Si vous vendez des t-shirts, proposez une option où le client peut ajouter son prénom ou choisir un design unique généré par IA.

Conclusion : Comment scaler son business grâce à l'IA ?

✓ Optimisez votre boutique avec Google Analytics et les tests A/B automatisés

✓ Étendez-vous à l'international grâce aux traductions IA et aux fournisseurs locaux

✓ Transformez votre dropshipping en marque avec du branding et des produits personnalisés

Prochain chapitre : L'IA et le futur du e-commerce – Ce qui vous attend !

PARTIE 7 : CRÉATEUR ET VENDEUR DE FORMATIONS EN LIGNE

Chapitre 1 : Génération De Cours Et Supports Avec L'ia

Créer et vendre des formations en ligne est aujourd'hui l'une des opportunités les plus rentables du digital. Grâce aux avancées de l'intelligence artificielle, concevoir un cours structuré, interactif et engageant est plus simple et rapide que jamais.

Dans ce chapitre, nous allons voir comment utiliser l'IA pour générer des formations de qualité, créer des supports pédagogiques et rendre l'apprentissage plus interactif.

1.1. Pourquoi vendre des formations en ligne est une opportunité rentable ?

La croissance du marché de l'e-learning

Le marché de l'e-learning connaît une croissance exponentielle.

La demande pour l'apprentissage en ligne a explosé avec la digitalisation

Les plateformes comme Udemy, Teachable ou Kajabi génèrent des millions chaque mois

D'ici 2027, le marché de l'e-learning devrait atteindre près de 400 milliards de dollars

Exemple : Des experts en marketing digital, développement personnel ou finance vendent des formations en ligne à plus de 500 € l'unité, générant des revenus passifs impressionnants.

Comment l'IA simplifie la création de formations ?

Avant, créer une formation nécessitait des semaines de travail :

Recherche de contenu

Structuration du cours

Création des supports (PDF, vidéos, quiz)

Montage et publication

Aujourd'hui, l'IA automatise ces tâches !

ChatGPT et Claude AI génèrent des plans de cours détaillés

Canva AI et Gamma.app créent automatiquement des slides pédagogiques

Synthesia AI permet de générer des vidéos avec un avatar IA

Les types de formations les plus rentables

Les domaines les plus populaires sont :

Business et marketing digital (publicité Facebook, dropshipping, IA)

Développement personnel et productivité

Finance et investissement (crypto, immobilier, bourse)

Tech et programmation (Python, No-Code, IA)

Astuce : Si vous êtes expert dans un domaine, lancez une formation avec l'IA en quelques jours seulement.

1.2. Utiliser l'IA pour structurer et générer un cours

Génération de plans de cours avec ChatGPT

ChatGPT peut générer un plan de formation en quelques secondes.

Prompt : "Génère un plan détaillé pour une formation sur le marketing digital en 6 modules."

Structure détaillée en modules et leçons

Ajout automatique de sous-chapitres pertinents

Suggestions d'activités et exercices

Exemple :

Si vous voulez créer un cours sur l'IA, ChatGPT peut proposer les grandes thématiques, les concepts clés et les cas pratiques à inclure.

Création de supports pédagogiques (PDF, slides, quiz) avec IA

Outils IA pour générer des supports de cours :

Canva AI → Génère des slides et présentations automatiquement

Gamma.app → Convertit du texte en diapositives pédagogiques

ChatGPT & Notion AI → Créent des PDF pédagogiques en quelques minutes

Exemple :

Demandez à ChatGPT : "Rédige un PDF détaillé expliquant les bases du SEO pour une formation."

Il générera un document structuré prêt à être vendu ou offert.

Automatisation de la recherche et de la rédaction de contenu

Gagnez du temps avec ces outils IA :

Perplexity AI → Recherche d'informations fiables sur un sujet

Frase.io & Jasper AI → Rédaction automatique d'articles pédagogiques

Quillbot → Réécriture et reformulation du contenu pour l'optimiser

Astuce : Si vous devez rédiger un chapitre entier, utilisez Jasper AI pour générer du contenu détaillé et bien structuré.

1.3. Rendre la formation interactive et engageante avec l'IA

Génération d'exemples, exercices et études de cas

Utilisez l'IA pour enrichir vos formations avec des contenus interactifs.

ChatGPT peut créer des exemples pratiques adaptés à chaque sujet

Les études de cas peuvent être générées en fonction de scénarios réels

Les exercices interactifs stimulent l'apprentissage actif

Exemple :

"Donne-moi un exercice pratique pour apprendre les

bases de Google Ads."

ChatGPT générera un cas concret avec des questions à résoudre.

Création de quiz et évaluations interactives

Outils IA pour générer des quiz engageants :

Typeform AI & Kahoot AI → Création de quiz interactifs en quelques clics

Quizlet AI → Génération de flashcards pédagogiques

Google Forms + IA → Automatisation des tests et corrections

Exemple :

"Génère un quiz de 10 questions sur les bases du SEO avec des réponses détaillées."

L'IA produit un quiz prêt à être intégré à votre formation.

Utiliser l'IA pour personnaliser l'expérience d'apprentissage

Personnalisation = Plus d'engagement et de rétention.

Adaptation automatique du contenu selon le niveau de l'étudiant

Suggestions IA pour renforcer les points faibles de l'élève

Tuteurs IA interactifs pour répondre aux questions en temps réel

Exemple :

Des plateformes comme Khan Academy AI analysent les performances des élèves et suggèrent du contenu personnalisé pour combler les lacunes.

Conclusion : L'IA au service des formateurs en ligne

✓ Créez une formation complète en quelques heures grâce à l'IA

✓ Automatisez la recherche, la rédaction et la création de supports

✓ Rendez votre formation plus engageante avec des quiz et exercices interactifs

Chapitre 2 : Enregistrement De Formations Avec L'ia

Aujourd'hui, il est possible de créer des formations vidéo professionnelles sans avoir besoin de studio d'enregistrement ni même de montrer son visage. Grâce à l'intelligence artificielle, vous pouvez générer des avatars réalistes, des voix off naturelles et automatiser le montage en quelques clics.

Dans ce chapitre, nous allons explorer les meilleures solutions IA pour produire facilement des formations vidéo de qualité.

2.1. Créer une formation vidéo sans montrer son visage

Présentation des outils comme Synthesia et D-ID

Les avatars IA permettent de créer des vidéos professionnelles sans caméra ni micro.

Les meilleurs outils pour générer des avatars réalistes :

Synthesia – Création de vidéos avec des avatars humains animés

D-ID – Animation de photos pour parler avec une voix réaliste

HeyGen – Génération d'avatars personnalisés pour des présentations dynamiques

Exemple :

Avec Synthesia, vous tapez votre texte, et l'avatar génère une vidéo avec une apparence et une voix naturelles.

Générer un avatar réaliste pour animer la formation

Personnalisation des avatars pour plus d'authenticité.

Choisissez un avatar parmi une bibliothèque de visages réalistes

Personnalisez la tenue, le fond et l'attitude de l'avatar

Adaptez les expressions et la gestuelle pour mieux capti-ver votre audience

Astuce :

Ajoutez des slides et des images en fond pour rendre votre vidéo plus attractive.

Optimiser le ton et la gestuelle pour capter l'attention

L'IA peut rendre la présentation plus dynamique.

Ajustez le rythme du discours pour éviter un ton mono-tone

Ajoutez des gestes naturels pour renforcer le message

Variez les intonations pour éviter un effet robotique

Exemple :

Synthesia permet de choisir entre un ton sérieux, inspi-rant ou pédagogique, selon votre audience.

2.2. Génération automatique de voix off professionnelles

Outils de synthèse vocale comme Murf AI et ElevenLabs

Plus besoin d'enregistrer votre voix : l'IA le fait pour vous !

Les meilleurs outils pour une voix off naturelle :

Murf AI – Voix réalistes et ajustables

ElevenLabs – Synthèse vocale ultra fluide

Play.ht – Voix personnalisables et traduction instantanée

Exemple :

Avec Murf AI, vous pouvez convertir un texte en narration réaliste, avec un ton ajustable selon l'émotion souhaitée.

Ajuster le ton, l'intonation et la fluidité de la voix

Une voix monotone peut faire fuir votre audience.

Sélectionnez un style de narration adapté à votre public

Ajustez la vitesse, l'intonation et le volume

Ajoutez des pauses naturelles pour une meilleure compréhension

Astuce :

Testez différentes voix et ajoutez des effets audio légers pour améliorer l'expérience.

Traduction automatique pour vendre sa formation à l'international

Touchez un public mondial avec l'IA.

Traduisez vos voix off avec DeepL ou ChatGPT

Générez une voix dans plusieurs langues avec ElevenLabs

Ajoutez des sous-titres automatiques en plusieurs langues

Exemple :

Avec HeyGen AI, vous pouvez traduire une vidéo complète en plusieurs langues sans réenregistrement.

2.3. Montage et édition vidéo simplifiés avec l'IA

Automatiser le montage avec Runway ML ou Pictory AI

Fini les heures passées sur les logiciels de montage !

Les outils IA permettent de :

Découper automatiquement les séquences inutiles

Ajouter des transitions et des effets intelligents

Générer des vidéos prêtes à publier

Outils recommandés :

Runway ML – Montage automatisé avec effets avancés

Pictory AI – Génère des vidéos à partir d'un texte

Exemple :

Runway ML peut analyser vos rushs et monter une vidéo fluide en quelques minutes.

Ajouter des sous-titres et animations dynamiques

Améliorez l'accessibilité et l'engagement de vos vidéos.

Veed.io & Kapwing → Ajout automatique de sous-titres

Descript AI → Génération et correction automatique des dialogues

Fliki AI → Création d'animations et transitions fluides

Astuce :

Ajoutez des sous-titres stylisés et des animations dynamiques pour rendre la vidéo plus captivante.

Optimiser le format pour YouTube, Udemy et autres plateformes

Adaptez vos vidéos aux exigences des plateformes.

YouTube → Format 16:9, durée adaptée à l'algorithme

Udemy & Teachable → Structuration en modules clairs

TikTok & Instagram Reels → Formats verticaux courts et impactants

Exemple :

Avec Pictory AI, transformez une vidéo longue en plusieurs clips courts optimisés pour TikTok.

Conclusion : Produire une formation vidéo pro en un temps record

✓ Créez des vidéos sans montrer votre visage grâce aux avatars IA

✓ Générez des voix off naturelles et professionnelles

✓ Automatisez le montage et adaptez vos vidéos aux plateformes de formation

Chapitre 3 : Plateformes De Vente (Udemy, Teachable, Etc.)

Créer une formation de qualité n'est que la première étape du succès. Pour monétiser efficacement votre savoir, il est essentiel de choisir la bonne plateforme et de mettre en place une stratégie marketing efficace. Grâce à l'IA, il est aujourd'hui plus simple que jamais d'optimiser la vente, la promotion et la conversion de vos formations en ligne.

3.1. Choisir la bonne plateforme pour vendre sa formation

Comparaison entre Udemy, Teachable, Gumroad et Kajabi

Chaque plateforme a ses propres avantages et inconvénients en fonction de votre stratégie :

Plateforme   Avantages   Inconvénients Idéal pour

Udemy Forte visibilité, large audience, trafic gratuit Forte concurrence, prix des cours souvent bradés   Débutants cherchant une audience existante

Teachable   Contrôle total sur les prix et le marketing   Nécessite de générer son propre trafic   Créateurs souhaitant un business indépendant

Gumroad   Simplicité, faible coût, vente directe Fonctionnalités limitées pour l'apprentissage   Vente simple de formations ou de PDF

Kajabi Solution tout-en-un (cours, email marketing, tunnel de vente) Coût mensuel élevé   Entrepreneurs voulant automatiser leur business

Astuce :

Si vous débutez, Udemy peut vous apporter une audience. Si vous souhaitez un contrôle total, privilégiez Teachable ou Kajabi.

Les avantages d'un hébergement sur sa propre plateforme

Pourquoi ne pas créer son propre site de formation ?

Créer une plateforme e-learning sur WordPress avec LearnDash ou Thinkific permet :

D'avoir le contrôle total sur les prix et promotions

D'éviter les commissions des plateformes

De fidéliser ses étudiants via un site et une communauté privée

Exemple :

Beaucoup de formateurs à succès commencent sur Udemy puis migrent sur leur propre plateforme pour maximiser leurs revenus.

Maximiser la visibilité et la rentabilité de ses cours

Quelques stratégies IA pour booster ses ventes :

Optimiser les titres et descriptions avec ChatGPT

Générer des mini-vidéos promotionnelles avec Synthesia

Automatiser le référencement SEO avec NeuronWriter

Astuce :

Udemy fonctionne avec un algorithme interne : un bon titre, une description optimisée et des avis positifs vous aideront à mieux vous classer.

3.2. Stratégies de marketing IA pour vendre sa formation

Rédiger une description persuasive avec ChatGPT

Une bonne description peut multiplier vos ventes.

Exemple de structure optimisée générée avec ChatGPT :

Accroche puissante : "Apprenez à [compétence clé] en 30 jours"

Mise en avant des bénéfices : "Développez [compétence] et gagnez [résultat concret]"

Preuve sociale : "Déjà suivi par +5000 étudiants"

Appel à l'action : "Rejoignez la formation dès maintenant !"

Astuce :

Testez plusieurs versions de descriptions avec ChatGPT pour voir laquelle convertit le mieux.

Générer des publicités ciblées avec AdCreative.ai

L'IA peut créer des annonces performantes en quelques minutes.

AdCreative.ai → Génère automatiquement des visuels et textes publicitaires

Canva Magic Write → Aide à créer des annonces engageantes

ChatGPT + Meta Ads → Génération de scripts d'annonces persuasifs

Exemple :

Vous pouvez tester plusieurs variantes d'annonces et analyser celles qui ont le meilleur taux de conversion.

Automatiser les emails et la conversion des prospects

L'emailing reste l'un des meilleurs moyens de vendre !

Utilisez ActiveCampaign ou Mailchimp AI pour envoyer

des séquences automatiques

Générez des objets de mail percutants avec ChatGPT

Segmentez votre audience avec HubSpot AI pour des emails ultra-personnalisés

Astuce :

Les séquences d'emails automatisées peuvent augmenter vos ventes de 30% en relançant les prospects hésitants.

3.3. Optimiser son tunnel de vente avec l'IA

Utilisation de l'IA pour créer des pages de vente performantes

Une bonne page de vente doit captiver et convertir.

Les meilleurs outils IA pour optimiser une page de vente :

ClickFunnels AI → Création automatique de tunnels de conversion

Copy.ai → Génération de textes persuasifs pour pages de vente

Unbounce Smart Copy → Améliore la conversion des visiteurs

Exemple :

Unbounce AI peut tester plusieurs versions d'une page et automatiquement sélectionner la plus performante.

Automatisation des relances et offres promotionnelles

Ne perdez plus de prospects avec des relances intelligentes.

ManyChat AI → Chatbots pour relancer les visiteurs

Brevo (ex-Sendinblue) → Automatisation des promotions personnalisées

Tidio AI → Envoi de messages aux visiteurs hésitants

Exemple :

Un chatbot IA peut répondre aux questions fréquentes et proposer un code promo pour encourager l'achat.

Analyser les performances et améliorer les conversions

L'IA peut détecter ce qui freine vos ventes et proposer des solutions.

Google Analytics IA → Analyse du parcours client et points de blocage

 Heatmaps avec Hotjar → Comprendre où les visiteurs abandonnent

A/B testing avec VWO AI → Tester différents boutons, textes et offres

Astuce :

Utilisez des heatmaps pour voir où les visiteurs cliquent et ajustez votre page en conséquence.

Conclusion : Maximiser ses ventes avec l'IA

✔ Choisissez la bonne plateforme pour vendre votre formation

✔ Utilisez l'IA pour optimiser votre marketing et automatiser vos emails

✔ Créez des pages de vente performantes et testez différentes approches

Chapitre 4 : Développer Son Activité De For-

mateur Avec L'ia

Une fois votre première formation en ligne, l'étape suivante consiste à scaler votre business et fidéliser vos étudiants pour maximiser vos revenus. L'IA offre des opportunités incroyables pour automatiser la gestion, l'engagement et l'expansion de votre activité.

4.1. Créer un écosystème de formations rentables

Lancer plusieurs formations sur des thématiques complémentaires

Pourquoi se limiter à une seule formation ?

Une stratégie efficace consiste à créer une série de formations interconnectées, pour inciter les étudiants à acheter plusieurs cours.

Exemple : Un formateur en marketing digital peut proposer :

Une formation "Facebook Ads pour débutants"

Une formation avancée "Stratégies de publicité Facebook IA"

Un programme "Automatisation du marketing avec l'IA"

Astuce :

Utilisez ChatGPT ou MindMeister AI pour générer des idées de cours rentables et complémentaires.

Construire une audience via un blog ou une chaîne YouTube IA

Le contenu gratuit attire des clients potentiels vers vos

formations payantes.

Comment utiliser l'IA pour produire du contenu rapidement ?

Rédaction d'articles de blog avec Jasper AI pour booster le SEO

Génération de vidéos YouTube avec Synthesia AI sans montrer son visage

Création de posts engageants avec ChatGPT & Canva Magic Write

Exemple :

Un blog optimisé SEO avec 10 articles sur "Comment réussir sur Udemy" peut attirer des milliers de visiteurs organiques vers vos formations.

Offrir des services de coaching automatisés

Et si l'IA pouvait gérer une partie du coaching pour vous ?

Utilisation de Chatbots IA (ManyChat, Tidio, Intercom AI) pour répondre aux questions fréquentes

Systèmes d'évaluation automatisés pour analyser les progrès des étudiants

Séances de coaching personnalisées avec Descript AI (génération de vidéos interactives)

Exemple :

Un coach en investissement peut utiliser un Chatbot IA pour proposer des recommandations adaptées aux besoins de chaque étudiant.

4.2. Utiliser l'IA pour fidéliser les étudiants et maximiser les revenus

Création d'un chatbot IA pour répondre aux questions des élèves

Un chatbot peut réduire jusqu'à 70 % le nombre de questions répétitives !

Outils recommandés :

Chatfuel → Créez un chatbot IA sans coder

Intercom AI → Support client automatisé avancé

Tidio → Chatbot IA optimisé pour le e-learning

Exemple :

Un chatbot peut guider un nouvel étudiant dans la navigation du cours et proposer des ressources complémentaires.

Automatisation des mises à jour et ajouts de contenu

L'IA peut générer du nouveau contenu pédagogique en continu.

Outils recommandés :

Notion AI → Génération d'idées et de résumés de cours

ElevenLabs → Mise à jour des voix-off avec une meilleure intonation

Synthesia → Ajout de nouvelles leçons vidéo en quelques clics

Astuce :

Ajoutez régulièrement du contenu à vos formations pour augmenter la valeur perçue et obtenir plus d'avis positifs.

Construire une communauté engagée autour de sa formation

Une communauté active augmente la rétention et les ventes croisées.

Créer un groupe Facebook ou Discord pour interagir avec les étudiants

Utiliser Circle.so ou Skool pour une communauté privée intégrée

Générer des quiz et challenges automatiques pour maintenir l'engagement

Exemple :

Un groupe privé avec des défis hebdomadaires et du contenu exclusif peut augmenter le taux de complétion de vos formations.

4.3. Internationalisation et scalabilité de son business

Traduire automatiquement ses cours pour toucher un public mondial

L'IA permet de vendre une formation en plusieurs langues sans effort !

Outils recommandés :

DeepL AI → Traduction précise de documents et textes

HeyGen → Traduction automatique et synchronisation labiale sur vidéos

ElevenLabs → Génération de voix-off multilingues réalistes

Exemple :

Un cours vendu uniquement en français peut tripler ses ventes en étant disponible en anglais et espagnol.

Utiliser l'IA pour adapter les formations à différents niveaux de compétence

Personnaliser les cours permet d'améliorer l'expérience d'apprentissage.

Outils recommandés :

Knewton Alta AI → Génère des parcours d'apprentissage sur mesure

LearnDash + AI Plugins → Ajuste le contenu en fonction du niveau des étudiants

ChatGPT → Génération automatique d'exercices et corrections adaptées

Exemple :

Un formateur en programmation peut proposer un parcours pour débutants et un autre pour experts, généré automatiquement.

Automatiser la gestion des inscriptions et paiements

L'IA peut gérer l'ensemble du cycle de vente, sans intervention manuelle.

Outils recommandés :

Zapier AI → Automatise l'enregistrement des étudiants et les emails de confirmation

Stripe + AI → Gestion intelligente des paiements et abonnements

Kajabi AI → Création automatique de tunnels de vente optimisés

Exemple :

Un formateur peut automatiser les inscriptions, envoyer des accès aux cours instantanément et relancer les étudiants inactifs sans effort.

Conclusion : Passer d'un formateur à une entreprise de formation automatisée

✓ Créez plusieurs formations interconnectées pour augmenter vos revenus

✓ Utilisez l'IA pour automatiser l'engagement et la fidélisation des étudiants

✓ Scalabilité : traduisez vos cours et automatisez la gestion des ventes

PARTIE 8 : DÉVELOPPEUR NO-CODE / LOW-CODE

Chapitre 1 : Création De Sites Et Applications Sans Coder

L'essor du No-Code et Low-Code permet aujourd'hui de créer des sites web et applications mobiles sans aucune compétence en programmation. Ces technologies révolutionnent le développement et offrent aux entrepreneurs une autonomie totale pour lancer leurs projets rapidement et à moindre coût.

1.1. Comprendre le No-Code et Low-Code

Différence entre No-Code et Low-Code

Le No-Code permet de créer des applications sans écrire une seule ligne de code grâce à des interfaces visuelles et des blocs préconçus.

Le Low-Code, quant à lui, nécessite un minimum de programmation pour personnaliser davantage l'application.

Exemple :

Un entrepreneur sans expérience technique peut utiliser Webflow (No-Code) pour créer un site web professionnel.

Un développeur souhaitant accélérer son travail peut utiliser Bubble (Low-Code) pour construire une application avec plus de flexibilité.

Critère No-Code   Low-Code

Niveau requis   Débutant   Intermédiaire

Personnalisation   Limitée Élevée

Exemples d'outils   Webflow, Adalo, Softr Bubble, OutSystems

Pourquoi ces technologies révolutionnent le développement web et mobile ?

Économie de coûts : Plus besoin de payer des développeurs coûteux.

Rapidité : Déploiement en quelques heures au lieu de plusieurs mois.

Accessibilité : Permet aux non-techniciens de lancer des projets sans dépendre d'une équipe technique.

Automatisation : Intégration facile avec des outils comme Zapier et Make pour automatiser des tâches.

Exemple :

Un coach en ligne peut créer une plateforme de réservation de cours sans coder grâce à GlideApps ou Tilda.

Exemples d'applications et sites créés sans coder

Site e-commerce avec Webflow + Stripe

Application de gestion de tâches avec Bubble

Marketplace de freelances avec Adalo

Portail d'abonnement en ligne avec Memberstack

Étude de cas :

L'application "Dividend Tracker" sur Adalo génère plusieurs milliers de dollars sans ligne de code !

1.2. Outils No-Code pour créer des sites web et applications

Webflow et Framer pour la création de sites professionnels

Pourquoi utiliser Webflow et Framer ?

Webflow : Design ultra-personnalisable avec un système CMS intégré

Framer : Idéal pour des animations et une expérience utilisateur fluide

Exemple :

Une startup peut lancer son site vitrine en quelques heures avec Webflow et ajouter un système de blog optimisé SEO.

Bubble et Adalo pour les applications mobiles et web

Créer une application mobile ou web sans coder devient un jeu d'enfant !

Bubble : Idéal pour créer une application SaaS (ex : CRM, marketplace)

Adalo : Génération d'applications mobiles prêtes à être publiées sur l'App Store et Google Play

Exemple :

Un entrepreneur peut créer un réseau social de niche avec Bubble en intégrant un système d'abonnement payant.

Automatisation et intégrations avec Zapier et Make

Relier plusieurs outils sans coder ? C'est possible grâce aux automatisations !

Zapier → Connecte +5000 applications sans effort

Make (ex-Integromat) → Automatisation plus avancée et personnalisable

Exemple :

Automatiser l'envoi de factures Stripe à chaque nouvelle commande sur Webflow grâce à Zapier.

1.3. Développer un projet No-Code de A à Z

Trouver une idée d'application rentable

Une idée innovante est clé pour réussir avec le No-Code.

Comment la trouver ?

Analysez les tendances Google Trends et Product Hunt

Identifiez les problèmes récurrents sur Reddit et Twitter

Utilisez ChatGPT pour générer des idées de business

Exemple :

Une application d'organisation pour freelances a cartonné en utilisant Bubble !

Construire une interface intuitive avec l'IA

L'IA facilite la création d'interfaces modernes et engageantes.

Useberry → Testez l'expérience utilisateur avant le lancement

Midjourney & Canva AI → Créez des designs visuels attractifs

Uizard → Transforme des croquis en interface interactive sans coder

Exemple :

Générer automatiquement une maquette UX/UI avec Uizard avant de la développer sur Webflow.

Tester et améliorer son projet sans connaissances techniques

Un projet No-Code doit être testé avant son lancement.

UserTesting → Obtenir des retours d'utilisateurs en temps réel

Heap Analytics → Suivre les interactions et améliorer l'expérience

Hotjar → Analyser le comportement des visiteurs sur votre site

Exemple :

Tester une landing page Webflow avec Hotjar pour voir où les visiteurs cliquent le plus.

Conclusion : Pourquoi le No-Code est l'avenir du digital ?

✓ Créer sans coder permet de tester des idées rapidement et à moindre coût

✓ Avec l'IA, le No-Code devient encore plus puissant et intuitif

✓ Les outils No-Code permettent de gérer un business entier sans développeur

Chapitre 2 : Automatisation Des Processus Avec L'ia

L'automatisation est devenue essentielle pour les entrepreneurs et les créateurs de projets No-Code. Grâce aux outils d'IA, il est désormais possible de gagner du temps, de réduire les erreurs humaines et d'optimiser la gestion des tâches répétitives.

2.1. Simplifier les tâches répétitives avec l'automatisation IA

Présentation de Zapier, Make et d'autres outils d'automatisation

Zapier et Make (ex-Integromat) sont deux outils populaires qui permettent de connecter des applications entre elles et de créer des workflows automatisés.

•Zapier : Simplicité d'utilisation, intégration avec plus de 5000 applications.

•Make : Plus flexible, avec des options d'automatisation complexes et personnalisables.

•IFTTT (If This Then That) : Idéal pour automatiser des actions simples et personnelles.

Exemple :

Automatiser la gestion des emails : Lorsqu'un formulaire est rempli sur votre site Webflow, envoyer un email de confirmation via Gmail grâce à Zapier.

Création de workflows pour automatiser le travail

Les workflows permettent de définir des enchaînements d'actions entre différentes applications.

Étapes pour créer un workflow avec Zapier :

1.Définir le déclencheur (Trigger) : Par exemple, une nouvelle commande sur Stripe.

2.Ajouter une action (Action) : Générer automatiquement une facture avec QuickBooks.

3.Test et mise en ligne : Vérifiez que chaque étape fonctionne comme prévu.

Exemple de workflow avec Make :

•Déclencheur : Réception d'un formulaire via Typeform.

•Action 1 : Créer une fiche client sur Airtable.

•Action 2 : Envoyer un message de bienvenue via Slack.

Exemples d'automatisation dans les entreprises

Les entreprises modernes utilisent l'IA pour réduire les coûts opérationnels et gagner en efficacité.

Entreprise	Automatisation IA	Résultat
Agence Marketing	Automatiser les rapports avec Google Analytics + Zapier	Gain de 10 heures par semaine
Boutique en ligne	Suivi de commandes automatisé avec Shopify + Make	Réduction des erreurs de gestion
Startup SaaS	Envoi d'emails automatiques pour le suivi des abonnements	Augmentation de la fidélité client

2.2. Génération automatique de contenu et interfaces avec l'IA

Utiliser ChatGPT pour générer du texte et des réponses dynamiques

ChatGPT est un outil puissant pour générer du contenu automatiquement, que ce soit pour des articles, des scripts vidéo ou des réponses automatiques dans des applications.

Rédaction automatique : Générer des articles de blog ou des newsletters.

Support client automatisé : Répondre aux questions fréquentes avec des réponses personnalisées.

Scripts vidéo ou podcast : Créer des scripts engageants en quelques secondes.

Exemple :

Utiliser ChatGPT pour rédiger des descriptions de produits automatiquement sur une boutique Shopify.

Création d'interfaces avec Framer AI et Builder.io

Framer AI et Builder.io permettent de générer des interfaces sans coder tout en offrant une grande flexibilité de personnalisation.

•Framer AI : Créer des designs web interactifs avec des animations fluides.

•Builder.io : Générer et personnaliser des pages directement depuis l'interface visuelle.

Cas pratique :

Créer une page de vente dynamique en utilisant Builder.io pour intégrer du contenu généré par ChatGPT.

Intégrer des assistants virtuels IA dans ses applications

Les assistants virtuels, alimentés par l'IA, sont devenus essentiels pour offrir une expérience utilisateur interactive et personnalisée.

Chatbots avec GPT-4 pour répondre aux questions clients.

Assistants vocaux intégrés dans des applications mobiles. Interactions dynamiques pour guider l'utilisateur dans son parcours.

Exemple :

Intégrer un chatbot d'assistance sur un site de formation pour répondre aux questions des élèves en temps réel.

2.3. Optimiser et gérer des bases de données sans coder

Utilisation d'Airtable et Notion comme bases de données avancées

Airtable et Notion permettent de créer des bases de données sans coder, tout en offrant une interface conviviale et des options de collaboration.

Airtable : Parfait pour gérer des projets avec des fiches dynamiques et des liens vers des fichiers.

Notion : Gestion de contenus et bases de connaissances, avec des intégrations multiples.

Exemple :

Créer une base de données client qui récupère automatiquement les informations via un formulaire Typeform.

Automatisation de la gestion de données avec l'IA

Les outils d'IA permettent de trier, analyser et enrichir automatiquement les données collectées.

Data enrichment : Utiliser des API IA pour ajouter des informations complémentaires aux fiches clients.

Analyse prédictive : Anticiper les besoins clients grâce

aux modèles de prédiction.

Mise à jour automatique : Synchroniser les bases de données entre différents outils.

Exemple :

Intégrer OpenAI API pour générer automatiquement des résumés de rapports stockés dans Airtable.

Exploiter des API IA pour enrichir son application

Les API IA permettent de transformer des applications basiques en outils intelligents.

OpenAI API : Génération de texte, assistance virtuelle.

DeepL API : Traduction automatique de contenu.

Clarifai API : Analyse d'images et reconnaissance visuelle.

Cas d'usage :

Une application mobile qui analyse les reçus via l'API de reconnaissance d'images et génère des rapports de dépenses.

ETUDE DE CAS

Étude de cas 1 : Automatiser la gestion des prospects pour une agence marketing

Contexte :

Une agence marketing reçoit des dizaines de demandes de devis par jour via un formulaire sur son site web. La gestion manuelle de ces demandes prend beaucoup de temps et est sujette à des erreurs.

Solution IA :

1.Capture automatique des prospects via Typeform.

2.Envoi d'un email de confirmation personnalisé avec Zapier.

3.Ajout des informations dans une base de données Airtable.

4.Suivi automatique via un chatbot IA (ChatGPT) pour répondre aux questions fréquentes.

Résultats :

•Gain de 10 heures par semaine en gestion manuelle.

•Amélioration de la réactivité client de 80 %.

•Augmentation des conversions grâce à un suivi personnalisé et rapide.

Étude de cas 2 : Automatisation des ventes pour un e-commerce avec Shopify

Contexte :

Une boutique en ligne souhaite automatiser la gestion des commandes et le suivi client.

Solution IA :

1.Déclenchement via Shopify lorsqu'une commande est passée.

2.Création automatique d'une facture avec QuickBooks.

3.Envoi d'un email de confirmation personnalisé avec Klaviyo.

4.Analyse des ventes mensuelles avec Power BI pour identifier les tendances.

Résultats :

•Réduction de 30 % du temps de traitement des commandes.

•Amélioration de la fidélité client grâce aux emails de

suivi automatisés.

•Augmentation de 15 % des ventes en identifiant les produits les plus demandés.

Étude de cas 3 : Automatiser le service client avec un chatbot IA

Contexte :

Une entreprise SaaS reçoit de nombreuses questions récurrentes sur l'utilisation de son application.

Solution IA :

1.Intégration d'un chatbot ChatGPT sur le site web.

2.Réponses instantanées aux questions fréquentes (FAQ).

3.Transfert aux agents humains si la question est complexe.

4.Analyse des interactions pour améliorer le bot.

Résultats :

•Diminution de 40 % de la charge de travail des agents.

•Satisfaction client accrue grâce aux réponses rapides et pertinentes.

•Collecte de données sur les besoins récurrents pour améliorer l'application.

Étude de cas 4 : Optimisation de la gestion des ressources humaines

Contexte :

Une PME doit gérer les candidatures et suivre les entretiens, ce qui mobilise beaucoup de temps des recruteurs.

Solution IA :

1.Automatisation de la collecte de CV via un formulaire Google Forms.

2.Tri automatique des candidatures avec un outil comme Hiretual.

3.Programmation d'entretiens via Calendly et envoi d'emails automatiques.

4.Suivi des performances des employés avec Notion.

Résultats :

•Gain de 50 % de temps dans le processus de recrutement.

•Réduction des erreurs de suivi et meilleure gestion des entretiens.

•Amélioration de la qualité du recrutement en identifiant plus rapidement les profils pertinents.

Étude de cas 5 : Automatisation du contenu pour un blog professionnel

Contexte :

Un créateur de contenu souhaite publier régulièrement des articles sans passer trop de temps sur l'écriture.

Solution IA :

1.Utilisation de ChatGPT pour générer des articles complets.

2.Correction et amélioration du contenu avec Grammarly et ProWritingAid.

3.Programmation de publications automatiques sur WordPress via Zapier.

4.Partage automatique sur les réseaux sociaux avec Buffer.

Résultats :

•Productivité multipliée par 3, avec 3 articles publiés par semaine au lieu d'un.

•Engagement accru grâce à une régularité de publication.

•Gain de visibilité sur les réseaux sociaux grâce aux partages automatisés.

En résumé : Les avantages concrets de l'automatisation avec l'IA

✓ Gain de temps significatif sur les tâches répétitives.

✓ Amélioration de la qualité des services grâce aux réponses rapides et personnalisées.

✓ Meilleure gestion des données avec des workflows automatisés.

✓ Augmentation des revenus grâce à une expérience client fluide et efficace.

Conclusion : Pourquoi l'automatisation IA est essentielle ?

✓ Automatiser les tâches répétitives permet de libérer du temps pour les tâches à forte valeur ajoutée.

✓ L'IA améliore la précision et la réactivité des services.

✓ La gestion intelligente des données permet de prendre des décisions stratégiques plus rapidement.

Chapitre 3 : Opportunités De Monétisation En No-Code / Low-Code

3.1. Devenir freelance No-Code et vendre ses services

•Plateformes pour trouver des clients (Upwork, Fiverr, Toptal)

• Identifier les plateformes les plus adaptées à vos compétences.

• Créer un profil optimisé avec des exemples de projets.

• Développer un portfolio convaincant pour attirer les clients.

•Création de sites et d'applications pour des entreprises

• Offrir des services personnalisés pour les sites web d'entreprises.

• Développer des applications mobiles sans code pour répondre aux besoins des PME.

• Proposer des intégrations automatisées pour optimiser la gestion d'entreprise.

•Tarification et stratégies pour générer des revenus

• Déterminer un tarif horaire ou un tarif fixe en fonction du projet.

• Proposer des packages complets incluant le support et la maintenance.

• Diversifier les sources de revenus avec des abonnements et des services complémentaires.

3.2. Vendre des templates et outils No-Code

•Créer et vendre des modèles Webflow, Bubble et Notion

• Identifier les besoins courants des utilisateurs sur chaque plateforme.

• Créer des templates de qualité professionnelle avec une personnalisation facile.

• Utiliser des outils comme Figma pour concevoir des interfaces esthétiques et fonctionnelles.

•Monétiser ses automatisations avec Gumroad et Payhip

• Créer des workflows automatisés pour des tâches récurrentes.

• Vendre des packs d'automatisation pour les petites entreprises et les créateurs de contenu.

• Proposer des guides pratiques et des tutoriels en bonus pour augmenter la valeur perçue.

•Stratégies de marketing IA pour promouvoir ses produits

• Rédiger des descriptions persuasives avec ChatGPT.

• Générer des visuels et des vidéos promotionnelles avec l'IA (Synthesia, Pictory AI).

• Automatiser les campagnes publicitaires sur Facebook et Google Ads avec AdCreative.ai.

3.3. Créer une startup No-Code rentable

•Développer un SaaS sans écrire une ligne de code

• Utiliser Bubble ou Adalo pour concevoir l'application.

• Intégrer des services de paiement avec Stripe ou PayPal.

• Créer une interface utilisateur intuitive avec Webflow.

•Trouver des investisseurs et lever des fonds

• Préparer un pitch convaincant avec des données précises.

- Présenter un MVP fonctionnel pour démontrer la viabilité du projet.

- Mettre en avant la réduction des coûts grâce à l'utilisation de technologies No-Code.

•Évoluer vers un modèle hybride No-Code + développement classique

- Identifier les limites du No-Code et anticiper les besoins de développement personnalisé.

- Collaborer avec des développeurs pour ajouter des fonctionnalités avancées.

- Assurer une transition fluide entre le No-Code et le développement traditionnel pour garantir la scalabilité.

Exemples concrets :

•Success Story 1 : Un freelance qui gagne plus de 10 000 €/ mois en créant des sites Webflow pour des startups.

•Success Story 2 : Un entrepreneur qui a lancé un SaaS rentable avec Bubble en moins de trois mois.

•Success Story 3 : Un créateur de templates Notion qui génère des revenus passifs avec des modèles vendus sur Gumroad.

Conclusion :

Le No-Code et le Low-Code offrent des possibilités infinies pour générer des revenus. Que ce soit en vendant ses services, en créant des produits ou en lançant une startup, l'important est de se concentrer sur la valeur ajoutée et d'optimiser sa visibilité en utilisant les outils d'automatisation et de marketing IA.

Chapitre 4 : Se Perfectionner Et Évoluer Dans Le No-Code

4.1. Se former rapidement et devenir expert

•Ressources gratuites et payantes pour apprendre le No-Code

• Cours en ligne : Udemy, Coursera et formations spécialisées.

• Tutoriels gratuits sur YouTube et articles de blogs dédiés.

• Plateformes communautaires comme Makerpad et No-CodeDevs.

•Rejoindre des communautés et événements No-Code

• Groupes Facebook et Discord pour échanger avec des experts.

• Participer à des meetups et webinaires sur le No-Code.

• S'inscrire aux newsletters pour recevoir des astuces et nouveautés.

•Participer à des hackathons et challenges IA

• Découvrir les concours sur des plateformes comme Devpost ou Hackathon.io.

• Travailler en équipe pour acquérir de nouvelles compétences.

• Utiliser les défis comme moyen de renforcer son portfolio.

4.2. Automatiser et optimiser son activité avec l'IA

• Outils d'IA pour améliorer ses projets No-Code

• Utiliser l'IA pour générer du contenu avec ChatGPT.

• Automatiser la gestion des tâches avec Zapier et Make.

• Intégrer des assistants virtuels dans les applications pour améliorer l'expérience utilisateur.

• Utiliser l'analyse de données pour optimiser les performances

• Suivre les indicateurs de performance avec Google Analytics ou Mixpanel.

• Utiliser l'IA pour analyser les comportements des utilisateurs et identifier les points à améliorer.

• Mettre en place des Dashboard automatisés pour surveiller les résultats en temps réel.

• Créer une agence No-Code et déléguer avec l'IA

• Définir des processus automatisés pour la gestion de projet.

• Utiliser l'IA pour la gestion des leads et des relations clients.

• Former une équipe hybride avec des experts No-Code et IA.

4.3. L'avenir du No-Code et comment en profiter

• Les tendances à surveiller dans le domaine

• L'émergence de nouvelles plateformes plus intuitives et

polyvalentes.

• L'intégration croissante de l'IA dans les outils No-Code.

• La montée en puissance des applications mobiles No-Code.

•Évolution des outils et impact de l'IA sur le développement

• Comment les technologies No-Code/Low-Code et l'IA convergent pour simplifier le développement.

• Les risques potentiels et les stratégies pour rester compétitif.

• L'importance de diversifier ses compétences pour rester à jour.

•Comment rester à jour et évoluer avec le marché

• Suivre des blogs et podcasts spécialisés pour surveiller les nouveautés.

• Réaliser une veille technologique régulière pour anticiper les changements.

• S'investir dans l'apprentissage continu pour élargir son expertise.

Conclusion :

Le No-Code est bien plus qu'une simple tendance : c'est une révolution technologique qui transforme la manière de concevoir et de développer des projets numériques. Pour tirer le meilleur parti de cette révolution, il est essentiel de se former continuellement, d'optimiser ses processus grâce à l'IA et d'anticiper les évolutions du marché. En combinant le No-Code avec l'automatisation et l'intelligence artificielle, les entrepreneurs peuvent bâtir des projets ambitieux sans avoir à maîtriser la programmation classique.

PARTIE 9 : COACH IA (DÉVELOPPEMENT PERSONNEL, FITNESS, BUSINESS, ETC.)

Chapitre 1 : Automatiser Son Coaching Avec L'ia

Le coaching a toujours été une activité basée sur l'interaction humaine, l'écoute et l'accompagnement personnalisé. Cependant, avec l'essor fulgurant de l'intelligence artificielle, ce métier connaît une transformation sans précédent. Aujourd'hui, l'IA ouvre de nouvelles perspectives pour les coachs, en leur permettant de maximiser leur impact tout en automatisant de nombreuses tâches répétitives.

L'automatisation du coaching grâce à l'IA offre des avantages indéniables : elle permet d'élargir sa clientèle, de gagner du temps et d'optimiser la qualité du suivi. Les coachs modernes peuvent désormais s'appuyer sur des chatbots intelligents pour répondre aux questions courantes, utiliser des plateformes automatisées pour proposer des parcours personnalisés et même analyser les progrès de leurs clients en temps réel.

Mais au-delà de la technologie, l'IA permet surtout de rendre le coaching accessible à un plus grand nombre de personnes, en offrant des services flexibles et disponibles à tout moment. Que vous soyez coach en développement personnel, en fitness ou en business, l'IA est un levier puissant pour amplifier votre présence et accroître votre efficacité.

1.1. Pourquoi l'IA révolutionne le coaching ?

•Accessibilité et démocratisation du coaching grâce à l'IA

• Les outils d'IA rendent le coaching accessible à un plus grand nombre de personnes.

• Réduction des coûts de prestation en automatisant certaines tâches répétitives.

• Disponibilité 24/7 pour répondre aux besoins des clients sans intervention humaine.

•Gain de temps et automatisation des tâches répétitives

• Automatisation de la prise de rendez-vous et des rappels par email.

• Génération automatique de comptes rendus de séances ou de rapports d'évolution.

• Suivi personnalisé basé sur les progrès et les objectifs du client.

•Exemples de coachs utilisant l'IA pour maximiser leur impact

• Les coachs en développement personnel qui utilisent des chatbots pour l'accompagnement quotidien.

• Les coachs en fitness qui génèrent des programmes personnalisés via des plateformes d'IA.

• Les mentors en business qui envoient des recommandations automatiques en fonction des performances.

1.2. Outils IA pour automatiser son coa-

ching

•Chatbots IA (ChatGPT, Claude AI) pour répondre aux questions des clients

• Répondre instantanément aux questions fréquemment posées.

• Proposer des conseils personnalisés basés sur les réponses de l'utilisateur.

• Offrir un accompagnement continu entre les sessions de coaching.

•Plateformes de coaching assistées par IA (Mindvalley, MyCoach AI)

• Intégration d'assistants virtuels pour aider les clients à rester motivés.

• Programmes dynamiques qui s'adaptent aux progrès de chaque client.

• Automatisation des plans d'action avec des suivis réguliers.

•Automatisation des emails et rappels avec Zapier et Mailchimp

• Envoi automatique de questionnaires d'évaluation avant chaque session.

• Suivi des progrès avec des emails personnalisés envoyés régulièrement.

• Automatisation des rappels pour encourager l'assiduité aux séances.

1.3. Construire une offre de coaching basée sur l'IA

•Définir une niche rentable (développement personnel, fitness, business, etc.)

• Identifier les besoins spécifiques des clients dans un domaine donné.

• Étudier la concurrence pour proposer une offre unique et automatisée.

• Valoriser l'accessibilité et la personnalisation grâce à l'IA.

•Automatiser les premières étapes du coaching (diagnostic, plan d'action)

• Utiliser des formulaires intelligents pour évaluer les besoins des clients.

• Générer automatiquement un plan d'action basé sur les réponses recueillies.

• Proposer un suivi continu grâce à des mises à jour automatisées.

•Offrir une expérience personnalisée grâce à l'IA

• Utiliser des algorithmes d'apprentissage pour ajuster les recommandations.

• Générer des contenus spécifiques aux objectifs du client (vidéos, exercices).

• Créer une interface interactive où les clients peuvent suivre leurs progrès en temps réel.

Conclusion :

L'IA transforme le coaching en offrant des solutions personnalisées, automatiques et évolutives. Les coachs peuvent désormais maximiser leur impact tout en gagnant du temps, grâce à l'automatisation des tâches répétitives et l'utilisation de chatbots et de plateformes d'IA. En misant sur des stratégies bien définies et en exploitant les bons outils, il est possible de proposer un service de coaching de haute qualité, accessible et innovant.

Chapitre 2 : Création De Programmes Personnalisés Avec L'ia

2.1. Générer des plans de coaching adaptés à chaque client

•Utiliser l'IA pour analyser les besoins et objectifs des clients

• Recueillir des informations via des questionnaires interactifs alimentés par l'IA.

• Analyser les réponses pour identifier les objectifs prioritaires et les points d'amélioration.

• Utiliser des outils tels que ChatGPT pour interpréter les résultats et proposer des pistes d'action.

•Création automatique de programmes personnalisés (sport, mindset, business)

• Générer des plans d'entraînement sportifs adaptés au niveau et aux préférences du client.

• Développer des programmes de mindset pour cultiver la motivation et la persévérance.

• Élaborer des stratégies business personnalisées en fonction des objectifs de croissance.

•Intégration de recommandations IA pour améliorer l'efficacité des conseils

• Ajouter des suggestions dynamiques basées sur les progrès réalisés.

• Réajuster automatiquement les programmes selon les performances et les retours clients.

• Fournir des recommandations ciblées pour maximiser l'atteinte des objectifs.

2.2. *Automatiser la création de contenu coaching*

•Génération de guides et ebooks avec ChatGPT et Jasper AI

• Rédiger automatiquement des manuels d'accompagnement et des fiches pratiques.

• Créer des ebooks motivants pour approfondir les thématiques de coaching.

• Automatiser la mise à jour des contenus pour les garder pertinents et actuels.

•Création de vidéos et supports interactifs avec Synthesia et Pictory AI

• Produire des vidéos de motivation et des tutoriels en quelques minutes.

• Personnaliser les vidéos avec des avatars IA pour un rendu plus engageant.

• Transformer les textes et scripts en contenus visuels captivants.

•Utiliser l'IA pour proposer des exercices et défis adaptés aux clients

• Générer des routines sportives ou des défis de mindset sur mesure.

• Intégrer des défis quotidiens pour renforcer l'engagement.

• Automatiser l'envoi des exercices via email ou chatbot.

2.3. Rendre son coaching plus interactif et engageant

•Intégrer des quiz et évaluations automatisées

• Créer des quiz pour évaluer les connaissances et les progrès des clients.

• Analyser les résultats pour ajuster les conseils et recommandations.

• Générer automatiquement des rapports de performance personnalisés.

•Création de parcours évolutifs basés sur les progrès des clients

• Adapter les étapes de coaching en fonction des progrès réalisés.

• Proposer de nouveaux défis pour stimuler la motivation.

• Fournir des feedbacks en temps réel pour encourager les efforts.

•Personnalisation dynamique des recommandations grâce à l'IA

• Analyser les données pour ajuster les conseils en continu.

• Proposer des contenus complémentaires selon les centres d'intérêt du client.

• Utiliser l'IA pour identifier les points de blocage et proposer des solutions ciblées.

Conclusion :

La création de programmes personnalisés avec l'IA permet de répondre précisément aux besoins des clients tout en optimisant le temps de préparation pour le coach. Grâce aux outils d'automatisation et aux générateurs de contenu, il est possible de proposer une expérience immersive et engageante qui évolue en fonction des progrès réalisés. Le coaching devient ainsi plus pertinent, dynamique et accessible à tous.

Chapitre 3 : Suivi Et Interaction Avec Les Clients

3.1. Automatiser le suivi des progrès avec l'IA

·Utilisation de Google Sheets et Notion pour le suivi automatique

• Mettre en place des tableaux de suivi automatisés pour chaque client.

• Utiliser Zapier pour synchroniser les données entre les plateformes.

• Intégrer des rapports automatiques générés à partir des progrès réalisés.

·Envoi de rapports personnalisés générés par IA

• Générer automatiquement des bilans hebdomadaires ou mensuels via ChatGPT.

• Intégrer des graphiques de progression et des recommandations personnalisées.

• Automatiser l'envoi par email ou via des plateformes comme Mailchimp.

•Feedback et ajustements en temps réel grâce à l'analyse des données

• Recueillir des données de performance grâce aux capteurs ou applications connectées.

• Analyser les résultats pour identifier les zones d'amélioration.

• Proposer des ajustements personnalisés directement via un assistant IA.

3.2. Engagement et fidélisation des clients avec IA

•Chatbots et assistants virtuels pour répondre aux questions 24/7

• Déployer un chatbot IA pour répondre instantanément aux questions fréquentes.

• Personnaliser les réponses selon le profil et les progrès du client.

• Utiliser des assistants virtuels pour guider les utilisateurs dans leur parcours.

•Automatisation des rappels et encouragements personnalisés

• Programmer des rappels quotidiens ou hebdomadaires via SMS ou email.

• Envoyer des messages de motivation personnalisés pour maintenir l'engagement.

• Utiliser des outils comme Twilio pour gérer les interactions automatiques.

•Création d'une communauté en ligne animée par l'IA

• Mettre en place un espace communautaire sur Discord ou Slack, animé par un bot IA.

• Automatiser la gestion des questions/réponses et la modération de la communauté.

• Organiser des événements en ligne, comme des sessions de coaching collectif ou des webinaires.

3.3. Monétiser et scaler son activité de coach IA

•Vente d'abonnements et accès premium à son coaching automatisé

• Proposer des abonnements mensuels ou annuels pour accéder aux contenus exclusifs.

• Offrir un service de coaching VIP avec un accompagnement IA avancé.

• Intégrer des options de paiement via Stripe ou PayPal pour faciliter la gestion.

•Création de formations et cours en ligne IA-driven

• Développer des formations interactives avec des modules personnalisés.

• Utiliser Teachable ou Udemy pour héberger les formations et les vendre.

• Automatiser l'accès aux cours après inscription grâce à des workflows IA.

•Utilisation des réseaux sociaux et publicités IA pour attirer plus de clients

• Générer des publicités ciblées avec AdCreative.ai pour

maximiser l'impact.

• Utiliser les outils d'IA pour analyser les résultats des campagnes marketing.

• Mettre en place des funnels de conversion automatisés pour capturer des leads qualifiés.

Conclusion :

Le suivi et l'interaction avec les clients constituent un levier crucial pour la réussite d'un coach IA. Grâce à l'automatisation et aux outils IA, il est possible de maintenir un haut niveau d'engagement tout en optimisant les processus. La monétisation par les abonnements et les cours en ligne permet de scaler son activité de manière rentable et durable.

Chapitre 4 : Devenir Un Coach Ia Reconnu Et Rentable

4.1. Construire une marque personnelle forte grâce à l'IA

•Création d'un site web et branding automatisé

• Utiliser Webflow ou Framer pour créer un site web professionnel sans coder.

• Automatiser la gestion de contenu avec des outils comme Zapier et Make.

• Générer des visuels et des logos avec des outils IA tels que Canva AI ou Looka.

•Stratégie de contenu assistée par IA pour se positionner comme expert

• Utiliser ChatGPT ou Jasper AI pour produire des articles de blog et des newsletters.

• Créer du contenu vidéo avec Synthesia pour partager des conseils et des témoignages.

• Planifier les publications sur les réseaux sociaux avec Buffer ou Hootsuite en intégrant des textes générés par IA.

•Utilisation de l'IA pour optimiser son référencement et visibilité

• Analyser les mots-clés avec des outils comme Semrush ou Ahrefs, couplés avec des recommandations IA.

• Générer automatiquement des descriptions et des métadonnées pour améliorer le SEO.

• Optimiser les campagnes publicitaires avec AdCreative.ai pour maximiser la portée.

4.2. Automatiser son business pour gagner du temps et des revenus passifs

•Mise en place d'un tunnel de vente IA pour attirer et convertir des clients

• Créer des pages de capture et des landing pages avec Webflow ou Leadpages.

• Automatiser l'envoi d'emails de bienvenue et de suivi via Mailchimp ou SendinBlue .

• Intégrer un chatbot IA pour guider les prospects dans le processus d'achat.

•Monétisation de packs de coaching et contenus premium

• Vendre des formations en ligne sur Teachable ou Podia, avec accès automatisé après paiement.

• Créer des packs de coaching personnalisés en fonction des besoins des clients.

• Offrir un accès VIP avec un accompagnement IA avancé et des sessions en direct.

•Déléguer à l'IA pour se concentrer sur les aspects humains du coaching

• Automatiser la prise de rendez-vous avec Calendly et Zapier.

• Utiliser un assistant virtuel IA pour gérer les tâches administratives.

• Maintenir l'interaction humaine dans les sessions individuelles tout en laissant l'IA gérer les suivis.

4.3. L'avenir du coaching assisté par IA et comment en profiter

•Évolution des tendances IA dans le coaching

• Analyse de l'impact des avatars IA pour des sessions plus immersives.

• Exploration des possibilités de coaching en réalité virtuelle (VR) avec IA.

• Utilisation de l'intelligence émotionnelle artificielle pour détecter l'état d'esprit des clients.

•Opportunités futures (coaching VR, avatars IA interactifs, etc.)

• Proposer des expériences de coaching immersif via des plateformes VR.

• Utiliser des avatars personnalisés pour interagir avec les clients de manière plus naturelle.

- Créer des parcours de développement personnel basés sur la réalité augmentée.

•Se former et rester à jour pour évoluer avec la technologie

- Suivre des formations en IA et en technologies émergentes sur Udemy ou Coursera.

- Rejoindre des communautés d'experts en IA pour échanger des bonnes pratiques.

- Participer à des webinaires et conférences pour rester informé des dernières innovations.

Conclusion :

Pour devenir un coach IA reconnu et rentable, il est crucial de construire une marque forte tout en automatisant intelligemment son activité. Grâce aux outils IA, il est possible de gagner du temps, d'attirer plus de clients et d'optimiser son suivi. L'avenir du coaching réside dans l'intégration de technologies avancées, telles que les avatars IA et la réalité virtuelle, offrant des expériences immersives et personnalisées.

PARTIE 10 : ASSISTANT VIRTUEL IA (FREELANCE)

Chapitre 1 : Gagner De L'argent En Tant Qu'assistant Virtuel Ia

1.1. Pourquoi l'assistance virtuelle est un business rentable ?

·La montée en puissance du travail en freelance

· Avec l'essor du travail à distance, de nombreuses entreprises recherchent des assistants virtuels pour réduire les coûts et augmenter leur efficacité.

· Les plateformes comme Upwork, Fiverr et Freelancer facilitent la recherche de missions en freelance.

· La flexibilité du métier permet de travailler pour des clients du monde entier.

·Comment l'IA révolutionne le métier d'assistant virtuel

· Les outils d'IA automatisent des tâches répétitives, libérant du temps pour se concentrer sur des missions à forte valeur ajoutée.

· L'IA permet de traiter rapidement de grandes quantités d'informations et de générer des réponses personnalisées.

· Les assistants virtuels dotés d'IA sont capables de gérer la communication client, la planification et même la production de contenu.

•Exemples de services que l'on peut proposer sans compétences avancées

• Gestion de boîtes mail avec des réponses automatisées et personnalisées.

• Organisation de calendriers et prise de rendez-vous grâce à des outils comme Calendly.

• Création de documents et de rapports avec Notion et Google Docs.

• Rédaction et correction de textes avec ChatGPT et Jasper AI.

1.2. Outils d'IA pour automatiser les tâches d'assistance

•Utilisation de ChatGPT et Jasper AI pour répondre aux emails et messages

• Configurer des modèles de réponses pour les questions fréquentes.

• Automatiser la rédaction d'emails professionnels avec des scripts personnalisés.

• Générer des réponses rapides et pertinentes pour les réseaux sociaux et les chats en direct.

•Notion AI et Google Docs pour organiser et rédiger des documents

• Créer des bases de données de clients et suivre les projets en cours avec Notion.

• Automatiser la prise de notes lors des réunions avec des transcriptions en temps réel.

• Générer des comptes rendus et des rapports professionnels en quelques clics.

•Zapier et Make pour automatiser les tâches répétitives

• Connecter plusieurs outils pour créer des workflows automatisés (par exemple, importer des données depuis un formulaire vers une feuille de calcul).

• Mettre en place des automatisations de suivi client ou d'envoi de factures.

• Gérer les tâches administratives en intégrant des outils de gestion comme Asana ou Trello.

1.3. Se lancer en tant qu'assistant virtuel IA

•Définir son offre de services (gestion de mails, planification, création de contenu)

• Identifier ses compétences et sélectionner les services à proposer en priorité.

• Créer des packages personnalisés pour répondre aux besoins des différents types de clients.

• Proposer des formules flexibles : gestion quotidienne, hebdomadaire ou mensuelle.

•Mettre en place un workflow automatisé pour gagner du temps

• Automatiser la prise de rendez-vous avec Calendly et envoyer des rappels automatiques.

• Centraliser les demandes clients via une plateforme collaborative comme Notion.

• Utiliser des outils de gestion de projet pour suivre l'avancement des tâches.

•Créer une présence en ligne pour attirer des clients

• Construire un site web simple avec Webflow ou Word-Press pour présenter ses services.

• Publier régulièrement du contenu sur les réseaux sociaux pour montrer son expertise.

• Utiliser LinkedIn pour se connecter avec des entrepreneurs et proposer ses services.

• Recueillir des avis et témoignages pour renforcer la crédibilité.

Conclusion :

Devenir assistant virtuel IA est une opportunité rentable pour les freelances et entrepreneurs modernes. Grâce aux outils d'automatisation et aux technologies d'intelligence artificielle, il est possible d'optimiser les tâches administratives et de maximiser les revenus. La clé du succès réside dans la création d'une offre de services attractive et la mise en place de workflows intelligents pour gagner du temps et fidéliser les clients.

Chapitre 2 : Automatiser Les Tâches (Email, Documents, Etc.)

2.1. Gestion des emails et service client avec l'IA

•Automatiser les réponses avec ChatGPT et outils de chatbot

• Utiliser ChatGPT pour générer des réponses automatiques et personnalisées aux emails fréquents.

• Intégrer des chatbots intelligents sur les sites web pour

offrir un support client 24/7 sans intervention humaine.

• Configurer des réponses automatisées pour des demandes courantes, comme la prise de rendez-vous ou les questions fréquentes.

• Utiliser des outils comme Drift, Intercom ou Tidio pour intégrer des chatbots IA et gérer les interactions avec les clients en temps réel.

•Trier et organiser les emails avec Gmail AI et Outlook AI

• Utiliser Gmail AI et Outlook AI pour trier automatiquement les emails entrants en fonction de leur importance et urgence.

• Configurer des règles automatiques pour archiver, marquer comme lus ou répondre aux emails selon des critères spécifiques.

• Améliorer la productivité en laissant l'IA organiser les messages par priorité, réduire le spam et gérer les flux de communication plus efficacement.

•Personnalisation des réponses pour un service client efficace

• Utiliser des modèles de réponses intelligents pour personnaliser chaque réponse en fonction du client et du contexte.

• Grâce à l'IA, intégrer des éléments personnalisés (nom, contexte de la demande) pour un service client plus humain et réactif.

• Mettre en place des réponses dynamiques qui s'adaptent à la situation du client et aux informations disponibles, garantissant ainsi une expérience fluide et cohérente.

2.2. Création et gestion de documents au-

tomatisée

•Utilisation de Notion AI et Google Docs pour rédiger des rapports et présentations

• Utiliser Notion AI pour organiser des informations, créer des résumés, et générer des documents à partir de notes brutes.

• Avec Google Docs, utiliser l'outil d'intelligence artificielle pour rédiger, corriger et reformuler automatiquement les documents.

• Automatiser la création de rapports mensuels ou de présentations à partir de modèles préexistants, avec des ajustements dynamiques selon les données disponibles.

•Génération automatique de résumés et synthèses

• Utiliser l'IA pour extraire les informations clés de longs documents et générer des résumés clairs et concis.

• Appliquer des outils comme Resoomer ou Quillbot pour résumer automatiquement des textes longs, ce qui permet de gagner du temps pour l'analyse et la prise de décision.

• Générer des synthèses sur des réunions, des emails ou des rapports d'activités pour faciliter la prise de décision rapide.

•Automatisation des propositions et devis pour les clients

• Créer des modèles de propositions et de devis avec des champs dynamiques pour automatiser la personnalisation des offres.

• Utiliser l'IA pour analyser les besoins spécifiques des clients et générer des propositions de services adaptées automatiquement.

• Intégrer des outils comme PandaDoc ou Proposify pour automatiser la création, la gestion et l'envoi des propositions commerciales et des devis.

2.3. Gestion d'agenda et planification avec l'IA

·Outils comme Calendly et Motion AI pour organiser des rendez-vous

• Utiliser Calendly pour automatiser la planification des rendez-vous, intégrer directement les calendriers des clients et éviter les conflits d'agenda.

• Motion AI propose des solutions plus avancées pour optimiser l'agenda selon les priorités et objectifs du jour, ajustant les rendez-vous en fonction des nouvelles tâches et urgences.

• Programmes de planification automatique basés sur les préférences des clients, évitant ainsi les erreurs de double réservation et optimisant le temps.

·Automatisation des rappels et suivi des tâches

• Programmer des rappels automatiques pour les rendez-vous ou échéances importantes via des outils comme Google Calendar ou Microsoft Outlook.

• Créer des alertes de suivi après les réunions ou entretiens pour relancer les actions, ou planifier des réunions de suivi.

• Intégrer des notifications automatiques pour rappeler les clients des tâches en suspens ou des actions à prendre, augmentant ainsi l'efficacité du processus de suivi.

·Optimiser son emploi du temps pour maximiser ses revenus

• Utiliser des outils d'IA pour analyser les habitudes de travail et optimiser l'agenda en fonction des moments de plus haute productivité.

• Programmes de planification intelligente pour maximiser le temps de travail productif tout en équilibrant les pauses et les périodes de réflexion créative.

• Automatisation des tâches administratives et de gestion de projets pour laisser plus de place aux tâches génératrices de revenus.

Conclusion :

Automatiser la gestion des emails, des documents et de l'agenda à l'aide de l'IA permet de libérer du temps, d'améliorer l'efficacité et d'augmenter la productivité. Ces outils permettent aux professionnels d'optimiser leurs processus internes, de mieux servir leurs clients et de se concentrer sur des tâches stratégiques plus importantes. L'IA devient un allié précieux pour réduire la charge de travail tout en maximisant les résultats.

Chapitre 3 : Trouver Des Clients Et Générer Des Revenus

3.1. Où et comment trouver des clients en tant qu'assistant virtuel IA ?

•Plateformes freelance (Upwork, Fiverr, Malt)

• Upwork : Une des plus grandes plateformes freelances où vous pouvez créer un profil détaillé, postuler à des offres et proposer vos services d'assistance virtuelle IA. En mettant en avant vos compétences en automatisation et IA, vous attirerez des clients recherchant des solutions avancées.

• Fiverr : Idéal pour proposer des services spécifiques (comme la gestion des emails, création de documents automatisés, etc.). Vous pouvez créer des "gigs" attractifs qui décrivent précisément les tâches que vous pouvez automatiser.

• Malt : Une plateforme européenne qui permet de trouver des clients dans des secteurs très variés. Vous pouvez créer un profil en mettant l'accent sur votre spécialisation dans l'IA pour l'assistance virtuelle.

• Conseil : Optimisez vos profils sur ces plateformes avec des mots-clés liés à l'IA et à l'automatisation pour attirer l'attention des clients recherchant des services spécifiques et modernes.

•Réseaux sociaux (LinkedIn, Facebook, Instagram)

• LinkedIn : Créez un profil optimisé pour les assistants virtuels IA, mettant en avant vos compétences spécifiques. Vous pouvez rejoindre des groupes de freelances ou d'entrepreneurs pour partager des astuces et offrir des services. Participez à des discussions et proposez des solutions IA.

• Facebook et Instagram : Utilisez ces réseaux pour publier des exemples de votre travail, partager des témoignages clients et promouvoir vos services. Créez des posts réguliers ou des vidéos expliquant comment l'IA peut optimiser l'assistance virtuelle.

• Conseil : Participez à des forums et groupes Facebook dédiés à l'entrepreneuriat et à l'assistance virtuelle pour trouver des clients potentiels.

•Stratégies pour décrocher ses premiers contrats

• Proposer des services gratuits ou à prix réduit au début : Offrez vos services à vos premiers clients en échange de témoignages ou d'évaluations. Cela vous permettra de bâtir une réputation et d'attirer de futurs clients payants.

• Créer une offre claire et précise : Soyez précis sur les services que vous proposez. Mettez en avant l'utilisation de l'IA pour l'automatisation des tâches afin de vous démarquer de la concurrence.

• Networking et recommandations : Après avoir travaillé avec quelques clients, demandez des recommandations et des témoignages pour augmenter votre crédibilité.

3.2. Fixer ses tarifs et structurer ses offres

•Tarification à l'heure vs tarification au forfait

• Tarification à l'heure : Idéale pour des tâches ponctuelles et des services très spécifiques. Vous pouvez commencer à des tarifs compétitifs pour attirer des clients, puis augmenter progressivement vos tarifs à mesure que vous gagnez en expérience.

• Tarification au forfait : Mieux adaptée pour des projets continus ou des services automatisés sur une période donnée (par exemple, gestion des emails mensuelle, création de contenu). Cela peut être plus attractif pour les clients qui préfèrent des coûts fixes.

• Conseil : Lancer vos services à un tarif compétitif, mais plus élevé que celui des assistants traditionnels, car vous offrez des services basés sur l'IA, ce qui vous positionne comme un expert.

•Proposer des abonnements pour des revenus récurrents

• Abonnements mensuels : Créez des offres d'abonnement pour les clients qui ont besoin d'une gestion continue de leurs emails, planification ou gestion de contenu. Cela peut inclure des mises à jour automatiques régulières, la gestion de l'agenda et des réponses automatisées aux emails.

• Offres premium : Proposez des abonnements premium qui incluent des services supplémentaires comme la génération de rapports ou l'analyse de données.

•Upselling et services complémentaires pour augmenter ses gains

• Proposer des services complémentaires : Vous pouvez offrir des services supplémentaires comme la gestion des réseaux sociaux, l'automatisation des documents ou la création de contenu pour des clients existants. Cela permet de générer plus de revenus par client.

• Upselling : Une fois qu'un client utilise vos services de base, proposez des services additionnels ou améliorés. Par exemple, proposez une automatisation avancée de leurs tâches administratives ou une gestion proactive de leur service client avec des chatbots IA.

3.3. Construire une relation de confiance avec ses clients

•Personnalisation des services avec l'IA

• Utilisation de l'IA pour personnaliser l'expérience client : Grâce à l'intelligence artificielle, vous pouvez personnaliser les services en fonction des préférences et besoins de chaque client. Utilisez des outils comme Notion AI ou ChatGPT pour adapter vos services en fonction des retours clients.

• Création de solutions personnalisées : En fonction des demandes des clients, proposez des automatisations et des solutions IA sur mesure qui répondent exactement à leurs besoins spécifiques.

•Automatiser le suivi et l'amélioration des services

• Suivi automatisé des résultats : Utilisez des outils d'analyse pour suivre les performances des services automatisés. Cela permet de proposer des améliorations ou ajustements sans interaction manuelle, tout en maintenant une qualité constante.

• Feedback automatisé : Collectez des retours via des enquêtes automatisées ou des évaluations post-service pour continuer à affiner vos offres. Utilisez l'IA pour analyser ces données et en tirer des actions concrètes.

•Utilisation des feedbacks pour améliorer son offre

• Recueillir des témoignages clients : Encouragez vos clients à partager leurs avis et témoignages sur les plateformes où vous êtes présent (Fiverr, LinkedIn, etc.). Ces témoignages amélioreront votre crédibilité et vous aideront à attirer de nouveaux clients.

• Écoute active et ajustement : Utilisez les retours clients pour identifier des domaines d'amélioration dans vos services et ajustez vos processus. L'IA peut vous aider à automatiser ces ajustements en fonction des commentaires des clients.

Conclusion :

Trouver des clients, fixer des tarifs compétitifs et établir des relations solides sont des éléments essentiels pour réussir en tant qu'assistant virtuel IA. En utilisant les plateformes freelances, les réseaux sociaux et des stratégies intelligentes d'upselling et d'abonnement, vous pouvez développer un business rentable. L'intégration de l'IA dans votre service vous permet de proposer des solutions innovantes, de gagner du temps et d'augmenter votre efficacité, tout en offrant un service de qualité supérieure à vos clients.

Chapitre 4 : Évoluer Et Scaler Son Business D'assistant Virtuel Ia

4.1. Devenir un expert et se spécialiser

•Se différencier en devenant assistant IA spécialisé (RH, e-commerce, finance, etc.)

• Choisir une niche spécifique : En vous spécialisant dans un domaine particulier comme les ressources humaines, l'e-commerce ou la finance, vous pouvez attirer un public cible plus précis et développer une expertise qui vous distingue. Par exemple, en tant qu'assistant virtuel spécialisé en e-commerce, vous pourriez proposer des services comme l'automatisation de la gestion des stocks, des réponses aux questions fréquentes des clients ou la création de rapports financiers automatisés.

• Devenir un expert dans votre domaine : La spécialisation vous permet non seulement de vous différencier, mais aussi de justifier des tarifs plus élevés. Acquérez des compétences spécifiques à votre domaine pour offrir des solutions plus précises et adaptées.

•Offrir des services premium et sur mesure

• Proposer des services plus sophistiqués : Développez des services haut de gamme qui répondent à des besoins complexes. Par exemple, dans le secteur des ressources humaines, vous pouvez offrir des solutions d'automatisation avancées pour le recrutement, la gestion des talents ou les processus d'intégration des employés.

• Consulting et coaching IA : En plus de vos services d'assistance, vous pouvez proposer du consulting ou des sessions de formation pour aider les entreprises à intégrer l'IA dans leurs opérations. Cela permet d'ajouter une dimension supplémentaire à vos services et de vous positionner comme un expert.

•Comment se former et évoluer avec les nouvelles technologies IA

• Investir dans la formation continue : Pour rester à jour dans un domaine en constante évolution, il est essentiel de se former régulièrement. Suivez des cours, des certifications et participez à des conférences sur l'intelligence artificielle. Des plateformes comme Coursera, Udemy ou LinkedIn Learning offrent des formations sur l'IA et ses applications pratiques.

• Suivre les innovations : Abonnez-vous à des blogs, podcasts et newsletters spécialisés en IA pour suivre les dernières tendances et technologies qui impactent votre domaine. Cela vous aidera à adapter vos services aux nouvelles attentes du marché.

4.2. Automatiser son business pour générer des revenus passifs

•Créer un site web et un tunnel de vente automatisé

• Mise en place d'un site web professionnel : Créez un site web clair et simple, qui présente vos services, votre expertise, et vos offres. Intégrez un tunnel de vente automatisé pour attirer des prospects et les convertir en clients. Utilisez des outils comme Shopify, WordPress, ou Webflow avec des plugins d'automatisation pour simplifier ce processus.

• Utiliser des outils d'automatisation : Mettez en place des outils comme Zapier, Mailchimp, ou Active Campaign pour automatiser les processus de marketing, d'envoi de contenu et de gestion des leads. Cela vous permettra de générer des revenus de manière plus autonome et efficace.

•Vendre des templates et guides pour assistants virtuels IA

• Créer des produits numériques : Développez des ressources que vous pouvez vendre en ligne, comme des templates d'emails automatisés, des scripts de chatbots, des guides pour la gestion des tâches IA, etc. Ces produits peuvent être utilisés par d'autres assistants virtuels IA ou par des petites entreprises cherchant à automatiser leurs processus.

• Marché des ressources éducatives : Offrir des formations ou des guides pratiques à ceux qui souhaitent devenir assistants virtuels IA peut également constituer une source de revenus. Vous pouvez proposer des programmes de formation automatisés ou des ebooks sur des plateformes comme Udemy, Teachable, ou Gumroad.

•Mettre en place des services d'abonnement pour fidéliser sa clientèle

• Services sur abonnement : Créez des offres d'abonnement mensuel pour des services continus, tels que la gestion de la communication par email, la planification ou la gestion de tâches récurrentes. Cela garantit des revenus réguliers et prévisibles.

• Fidélisation et upselling : Offrez des avantages exclusifs aux abonnés, tels que des heures de consultation gratuite, des services personnalisés ou des mises à jour de services automatisés. Cela vous permet non seulement de maintenir votre clientèle mais aussi d'augmenter la valeur à vie de chaque client.

4.3. L'avenir de l'assistance virtuelle et les opportunités à venir

•L'impact de l'IA avancée sur le métier d'assistant virtuel

• Évolution des capacités de l'IA : L'intelligence artificielle ne cesse d'évoluer, et dans un avenir proche, elle sera capable de prendre en charge des tâches de plus en plus complexes. Les assistants IA seront capables de gérer non seulement des tâches administratives simples, mais aussi des décisions stratégiques, la gestion des relations client et même des processus créatifs.

• L'assistant virtuel augmentée : L'IA avancée pourrait permettre aux assistants virtuels d'être plus proactifs, en analysant les besoins et comportements des clients avant même qu'ils ne les expriment, ce qui augmentera l'efficacité et la satisfaction des clients.

•Opportunités futures : assistants IA vocaux, automatisation totale des services

• Assistants vocaux IA : L'évolution des assistants vocaux (comme Google Assistant ou Alexa) ouvre des nouvelles perspectives pour automatiser des services via la voix. Proposer des services d'assistance vocale IA devient une avenue intéressante pour se diversifier.

• Automatisation complète des services : Les entreprises cherchent à réduire leurs coûts et à automatiser toutes les tâches possibles. L'avenir du métier pourrait résider dans l'intégration complète de l'IA pour gérer des opérations complexes telles que la relation client, la gestion des projets et même la prise de décision. En devenant un expert dans ce domaine, vous pourrez capter ces nouvelles opportunités.

•Se positionner dès maintenant pour profiter de la révolution IA

• Rester à l'avant-garde de l'innovation : En vous formant continuellement et en intégrant les nouvelles technologies dans vos services dès aujourd'hui, vous pourrez vous positionner comme un leader dans ce domaine. L'adoption précoce des nouvelles tendances IA, comme l'utilisation d'assistants virtuels vocaux ou d'outils d'IA encore émergents, vous permettra de devancer la concurrence.

• Construire une base solide de clients fidèles : En offrant des services de qualité et en continuant à évoluer avec les technologies IA, vous serez en mesure de fidéliser votre clientèle et de garantir une croissance durable dans un marché en constante évolution.

Conclusion :

Pour évoluer et scaler son business d'assistant virtuel IA, il est essentiel de se spécialiser, d'automatiser ses processus et de se positionner sur des créneaux de marché en pleine croissance. L'IA offre des opportunités illimitées pour se développer en tant qu'expert, créer des revenus passifs et se préparer à l'avenir du métier. En adoptant une approche proactive et en restant à jour sur les dernières tendances technologiques, vous pouvez tirer pleinement parti des possibilités infinies qu'offre l'intelligence artificielle dans l'assistance virtuelle.

CONCLUSION

1. Récapitulatif des opportunités offertes par l'IA

L'intelligence artificielle a révolutionné le monde du travail en permettant à n'importe qui d'exercer des métiers rentables sans compétences avancées. Grâce aux outils IA, il est aujourd'hui possible de :

•Créer du contenu (articles, vidéos, visuels, formations) avec des plateformes comme ChatGPT, Midjourney et Synthesia.

•Automatiser des tâches répétitives (emails, gestion de planning, relation client) en utilisant des outils comme Notion AI, Zapier et Google Assistant.

•Lancer un business en ligne sans expertise technique (dropshipping, coaching, assistance virtuelle) en exploitant les outils IA pour la recherche de produits, la création de sites et le marketing.

Chacun des 10 métiers présentés dans ce livre peut être démarré avec peu ou pas d'expérience. L'IA s'occupe des aspects techniques et vous permet de vous concentrer sur l'essentiel : développer votre activité et générer des revenus.

2. Comment choisir le métier qui vous convient ?

Si vous hésitez sur le métier à choisir, voici quelques questions à vous poser :

•Aimez-vous écrire ? → Devenez rédacteur IA ou créez des formations en ligne.

•Préférez-vous travailler sur les réseaux sociaux ? → Devenez community manager IA.

•Vous êtes à l'aise avec le design visuel ? → Testez le métier de graphiste IA.

•Vous voulez vendre sans stock ? → Essayez le dropshipping assisté par IA.

•Vous aimez aider et accompagner les autres ? → Lancez-vous dans le coaching IA ou l'assistance virtuelle.

•Vous souhaitez automatiser un maximum votre business ? → Expérimentez le No-Code / Low-Code.

L'IA vous donne la flexibilité de tester plusieurs métiers avant de vous spécialiser. L'important est de commencer et d'expérimenter !

3. Perspectives d'avenir et évolution de l'IA

Le marché de l'IA est en pleine expansion et les opportunités ne cessent de croître. Dans les années à venir, nous pouvons nous attendre à :

•Une automatisation encore plus poussée, rendant ces métiers encore plus accessibles.

•De nouveaux outils IA plus performants, capables de produire du contenu de haute qualité en quelques secondes.

•Des opportunités inédites, comme les assistants IA vocaux avancés, la réalité augmentée ou encore les coachs IA personnalisés en temps réel.

Le moment idéal pour se lancer et prendre de l'avance, c'est maintenant. Plus tôt vous vous formez et adoptez ces technologies, plus vous aurez une longueur d'avance sur la concurrence.

4. Prochaine étape : passez à l'action !

La théorie, c'est bien, mais l'action, c'est mieux. Voici un plan simple pour vous lancer immédiatement :

1.Choisissez un métier parmi ceux présentés dans ce livre.

2.Testez un outil IA (exemple : ChatGPT pour rédiger, Midjourney pour créer des visuels, Notion AI pour organiser votre travail).

3.Créez un premier projet (un article, une vidéo, une boutique en ligne, etc.).

4.Expérimentez et améliorez-vous grâce aux retours des clients et aux nouvelles technologies IA.

5.Générez vos premiers revenus et développez votre activité.

Le plus dur, c'est de commencer. Une fois que vous aurez franchi le premier pas, vous réaliserez à quel point ces métiers sont accessibles et rentables grâce à l'IA.

5. Ressources et outils pour se lancer immédiatement

Pour vous aider à passer à l'action rapidement, voici une liste d'outils et plateformes incontournables :

Outils IA par métier

•Rédacteur IA → ChatGPT, Jasper AI, Copy.ai

•Community manager IA → Hootsuite, Buffer, Ocoya AI

- Créateur de vidéos IA → Synthesia, Pictory AI, RunwayML
- Graphiste IA → Midjourney, Canva AI, DALL·E
- Dropshipping IA → Shopify, Dropship.io, Sell The Trend
- Créateur de formations → Udemy, Teachable, Kajabi, LearnWorlds
- Développeur No-Code → Bubble, Adalo, Make (ex-Integromat)
- Coach IA → MyCoach AI, ChatGPT, Calendly pour la gestion des rendez-vous
- Assistant virtuel IA → Zapier, Notion AI, Google Assistant

Plateformes pour trouver des clients et vendre ses services

- Freelance → Upwork, Fiverr, Malt, PeoplePerHour
- E-commerce / Dropshipping → Shopify, Etsy, Amazon FBA
- Coaching & Formations → Udemy, Teachable, Podia
- Monétisation de contenu → YouTube, Medium, Substack

Formations et tutoriels pour maîtriser l'IA

- Google AI et OpenAI → Cours gratuits sur l'IA et l'automatisation
- YouTube → Chaînes spécialisées sur les outils IA et le freelancing
- Udemy / Coursera → Formations sur l'automatisation et le No-Code

Mot de la fin

L'intelligence artificielle ouvre des portes incroyables pour ceux qui savent l'exploiter. Vous n'avez plus besoin de compétences techniques poussées pour créer un business rentable en ligne.

Ce livre vous a donné une feuille de route claire pour vous lancer. Maintenant, c'est à vous de jouer. Prenez une décision aujourd'hui et commencez votre aventure dans l'univers de l'IA !

Le futur appartient à ceux qui savent s'adapter aux nouvelles technologies. Serez-vous de ceux qui prennent de l'avance, ou laisserez-vous passer cette opportunité unique ?

À vous de jouer !

Besoin d'un coup de pouce pour démarrer ? Consultez les ressources ci-dessus et faites le premier pas dès aujourd'hui !